国家示范性高等职业院校会计专业精品教材
职业教育财经类“十三五”规划教材

# 审计基础

主　编　余　浩　黎向华
副主编　张　越　韩　怡　肖文珍
　　　　吴海波　刘金星

FINANCE

華中科技大學出版社
http://www.hustp.com
中国 · 武汉

图书在版编目(CIP)数据

审计基础/余浩,黎向华主编.—武汉:华中科技大学出版社,2015.10
国家示范性高等职业院校会计专业精品教材
职业教育财经类“十三五”规划教材
ISBN 978-7-5680-1348-2

Ⅰ.①审… Ⅱ.①余… ②黎… Ⅲ.①审计学-高等职业教育-教材 Ⅳ.①F239.0

中国版本图书馆 CIP 数据核字(2015)第 263302 号

审计基础
Shenji Jichu

余 浩 黎向华 主编

策划编辑:杨 铭
责任编辑:史永霞
封面设计:原色设计
责任校对:李 琴
责任监印:张正林
出版发行:华中科技大学出版社(中国·武汉)
武昌喻家山 邮编:430074 电话:(027)81321913
录 排:华中科技大学惠友文印中心
印 刷:武汉市籍缘印刷厂
开 本:787mm×1092mm 1/16
印 张:10.5
字 数:267 千字
版 次:2019 年 1 月第 1 版第 3 次印刷
定 价:28.00 元

# 前言

当前,面世的审计教材很多,有传统的理论型教材,有工学结合教材、项目化教材、任务驱动型教材、理实一体化教材、教学做合一教材等。无疑,传统的理论型教材是不利于培养技术技能型审计人才的。其他类型的教材各有特色,但在理论与实践的深度融合上都还做得不够,需要教育工作者进一步探索和研究,开发出更加适合职业教育特点的各类教材。

教材是老师教和学生学的材料,一本好的教材必须既方便老师教又方便学生学。基于这种认识,我们认真研究了各类审计教材,系统地分析了审计岗位的基本工作流程,以审计职业岗位工作任务为线索,将审计理论知识与审计工作实务有机融合,构建了审计岗位工作逻辑结构的教材体系,在此基础上,开发了这本《审计基础》教材。本教材具有如下特色。

一是教材内容理论实践一体化。传统教材总体来讲是以知识为中心的,有的教材虽然也提到理论与实践相结合,但都没有做到两者的有机结合,教材中的相关举例只是论证其理论知识的。所谓的实践只是理论的从属,不是教材的主体。有的教材为了加强实践性,采取双本配套的办法,即一本理论教材相应地配备一本实训教材,理论教材和实训教材在教学中分别使用。这种教材,不是理论与实践结合,而是理论与实践分离,并且实践是为理论服务的。这本《审计基础》一改传统教材之弊,在以做为中心的前提下,将理论知识与实践操作有机地结合在一起,形成一个完整的统一体。在理论知识和实践操作两者关系的处理上,以实践操作为引领,理论知识不按其知识的逻辑联系排序,而是按审计职业岗位工作过程逻辑联系进行排序,即按实践操作所需要的知识及其先后进行排序;理论知识的多少及其深度,以实践操作的需要为度。

二是教材体系工作任务过程化。传统教材按其理论知识的逻辑联系构建教材体系。一个专业按其知识的逻辑关系进行分工,形成若干种教材,并由这些在知识上具有逻辑关系的教材构成一个专业的教材体系。一种教材按其知识的逻辑关系进行分工,形成若干章节,并由这些在知识上具有逻辑关系的章节构成一种教材的体系。每一章节又按知识的逻辑关系进行组织和编排。传统教材体系强调知识的逻辑性和理论的完整性。这本《审计基础》教材完全打破了传统教材按理论知识的逻辑联系构建教材体系的做法,而是按审计工作过程的逻辑关系构建教材体系,强调做的逻辑性和全面性。

三是教材有利于教学做一体化。传统教材是教与学的材料,注重的是知识的传授,教材中缺乏做的材料。因此,传统教材只方便知识的传授,不利于能力的培养。同时,通过传统教材所获得的知识,其实用性较差,易被遗忘。传统教材缺乏做的材料,运用传统教材是不能实施教学做合一的。这本《审计基础》教材以做为中心,编排了丰富的做的材料,它不是以学习知识为切入点,而是以做事为切入点。教材内容的编排以工作过程为线索,知识的学习通过做事来实现。所以,《审计基础》教材有利于老师在做中教,学生在做中学,充分实现教学做合一;有利于让学生在做中学知识,在做中长智慧,在做中练技能,在做中悟道理,在做中升素质。

本教材由以下十二个项目组成:认定审计事项与确定审计目标、运用审计方法、实施审计程序、承接审计业务与计划审计工作、获取审计证据与编制审计工作底稿、货币资金审计、采购与付款循环审计、销售与收款循环审计、生产与存货循环审计、人力资源与工薪循环审计、审计差异调整、出具审计报告。本书由武昌职业学院余浩、黎向华担任主编,由武汉城市职业学院张越、江西应用工程职业学院韩怡、河南水利与环境职业学院肖文珍、湖北生物科技职业学院吴海波、江西外语外贸职业学院刘金星担任副主编。其中,余浩编写了项目一、项目三和项目四,黎向华编写了项目二和项目七,韩怡编写了项目五,肖文珍编写了项目六,张越编写了项目八和项目九,吴海波编写了项目十和项目十一,刘金星编写了项目十二。全书由余浩审核并统稿。

本教材是我们勇于探索、不断创新的产物。为了开发本教材,我们付出了大量的时间、精力和心血。由于水平有限,研究不深,加之时间仓促,书中难免存在不足之处,敬请读者批评指正。

作　者

2015 年 5 月 30 日

# 目录

# 项目一

# 认定审计事项与确定审计目标

审计是由独立的专门机构和人员接受委托或根据授权，依法对被审计单位的财务报表和其他资料所反映的经济活动的真实性、合法性、效益性进行审查并提出结论的一种监督、鉴证和评价的活动。

## 任务一　认识审计工作

### 一、执行审计工作的前提

法律法规规定了管理层和治理层与财务报表相关的责任。注册会计师按照审计准则的规定执行审计工作的前提是管理层和治理层已认可并理解其应承担的责任。

（一）管理层和治理层的概念

管理层是指对被审计单位经营活动的执行负有经营管理责任的人员或组织。管理层通过编制财务报表反映受托责任的履行情况。治理层是指对被审计单位的战略方向及管理层履行经营管理责任负有监督责任的人员或组织。治理层的责任包括监督财务报告过程。在治理层的监督下，管理层作为会计工作的行为人，对编制财务报表负有直接责任。财务会计报告应当由单位负责人、主管会计工作的负责人和会计机构负责人（会计主管人员）签名并盖章。设置总会计师的单位，财务会计报告还须由总会计师签名并盖章。

（二）与财务报表相关的责任

财务报表是在被审计单位管理层的监督下编制的。管理层和治理层认可与财务报表相关的责任是注册会计师执行审计工作的前提，构成注册会计师按照审计准则的规定执行审计工作的基础。这些责任主要包括以下几项。

（1）按照适用的财务报告编制基础编制财务报表，并使其实现公允反映。

(2)设计、执行和维护必要的内部控制,以使财务报表不存在舞弊或错误导致的重大错报。

(3)向注册会计师提供必要的工作条件,包括允许注册会计师接触与编制财务报表相关的所有信息(如记录、文件和其他事项),向注册会计师提供审计所需要的其他信息,允许注册会计师在获取审计证据时不受限制地接触其认为必要的内部人员的其他相关人员。

(三)注册会计师的责任

按照《中国注册会计师审计准则》(以下简称《审计准则》)的规定,对财务报表发表审计意见是注册会计师的责任。注册会计师作为独立的第三方,对财务报表发表审计意见,有利于提高财务报表的可信赖程度。为履行这一职责,注册会计师应当遵守相关职业道德要求,按照《审计准则》的规定计划和实施审计工作,获取充分、适当的审计证据,并根据获取的审计证据得出合理的审计结论,发表恰当的审计意见。注册会计师通过签署审计报告确认其责任。

(四)注册会计师责任与管理层责任、治理层责任之间的关系

注册会计师对财务报表的审计不能减轻被审计单位管理层和治理层的责任。

财务报表编制和财务报表审计是财务信息生成链条上的不同环节,两者各司其职。法律法规要求管理层和治理层对编制财务报表承担责任,有利于从源头上保证财务信息质量。同时,在某些方面,注册会计师与管理层和治理层之间可能存在信息不对称。管理层和治理层作为内部人员,对企业的情况更为了解,更能做出适合企业特点的会计处理判断和决策。因此,管理层和治理层应对编制财务报表承担完全责任。尽管在审计过程中,注册会计师可能向管理层和治理层提出调整建议,甚至在不违反独立性的前提下为管理层编制财务报表提供协助,但管理层仍然对编制财务报表承担责任,并通过签署财务报表确认这一责任。

注册会计师对财务报表承担审计责任。如果财务报表存在重大错报,而注册会计师通过审计没能发现,也不能因为财务报表已经注册会计师审计这一事实而减轻管理层和治理层对财务报表的责任。

## 二、财务报表的审计目标

审计目标是在一定的历史环境下,人们通过审计实践活动所期望达到的境地或最终结果。它包括财务报表审计目标(总体目标)以及各类交易、账户余额和披露相关的审计目标(具体目标)两个层次。

在执行财务报表审计工作时,注册会计师的总体目标有以下两个。

(1)对财务报表整体是否存在由于舞弊或错误导致的重大错报获取合理保证,使得注册会计师能够对财务报表是否在所有重大方面按照适用的财务报告编制基础编制发表意见。

(2)按照《审计准则》的规定,根据审计结果对财务报表出具审计报告,并与管理层和治理层沟通。

## 三、财务报表审计的作用和局限性

注册会计师作为独立的第三方,运用专业知识、技能和经验对财务报表进行审计并发表审计意见,旨在提高财务报表的可信度。由于审计存在固有限制,注册会计师据以得出结论和形成审计意见的大多数审计证据是说服性而非结论性的。因此,审计只能提供合理保证,不能提供绝对保证。虽然财务报表使用者可以根据财务报表和审计意见对被审计单位未来生存能力

或管理层的经营效率、经营效果做出某种判断，但审计意见本身并不是对被审计单位未来生存能力或管理层经营效率、经营效果提供的保证。

# 任务二　认定审计事项

认定审计事项，包括管理层认定、与所审计期间各类交易和事项相关的认定、与期末账户余额相关的认定、与列报和披露相关的认定等。

## 一、管理层认定

管理层认定是指管理层在财务报表中做出的明确或隐含的表达。注册会计师将其用于考虑可能发生的不同类型的潜在错报。认定与审计目标密切相关，注册会计师的基本职责就是确定被审计单位管理层对其财务报表的认定是否恰当。注册会计师只要了解了认定，就很容易确定每个项目的具体审计目标。

管理层声明财务报表已按照适用的财务报告编制基础进行编制，在所有重大方面做出公允反映，这就意味着管理层对财务报表各组成要素的确认、计量、列报及相关的披露做出了认定。管理层在财务报表上的认定，有些是明确表达的，有些则是隐含表达的。例如，管理层在资产负债表中列报存货及其金额，意味着做出下列明确的认定。

(1)记录的存货是存在的。

(2)存货以恰当的金额包括在财务报表中，与之相关的计价或分摊调整已恰当记录。

同时，管理层也做出下列隐含的认定。

(1)所有应当记录的存货均已记录。

(2)记录的存货都由被审计单位拥有或控制。

管理层对财务报表各组成要素均做出了认定，注册会计师的审计工作就是要确定管理层的认定是否恰当。

### 师生教学做

南方公司 2014 年 12 月 31 日资产负债表中的货币资金为 600 000 元。

**【分析】**

明确的认定：

(1)记录的货币资金是真实存在的。

(2)记录的货币资金的期末余额为 600 000 元。

隐含的认定：

(1)所有应列报的货币资金都包括在财务报表中。

(2)记录的货币资金都由南方公司所拥有。

(3)货币资金的使用不受任何限制，均由南方公司控制。

## 师生教学做

南方公司 2014 年度利润表中的营业收入为 50 000 000 元。

【分析】

明确的认定：

(1)记录的营业收入是真实发生的。

(2)记录的全年营业收入的金额为 50 000 000 元。

隐含的认定：

(1)所有应列报的营业收入都包括在财务报表中。

(2)记录的营业收入全部与南方公司有关。

(3)所有记录的营业收入都是在 2014 年度发生的。

## 学生独立做

【实训内容】

描述管理层认定。

【实训材料】

注册会计师汪毅平在审查中兴公司 2014 年度财务报表时，中兴公司的资产负债表和利润表中部分项目列示如下。

应收账款　4 000 000 元

固定资产　5 000 000 元

营业成本　6 000 000 元

管理费用　1 000 000 元

【实训要求】

按管理层认定的表达方式分析财务报表中被审计单位做出的认定。

【分析】

明确的认定：

______________________________

______________________________

______________________________

______________________________

______________________________

______________________________

隐含的认定：

______________________________

______________________________

______________________________

______________________________

______________________________

## 二、与所审计期间各类交易和事项相关的认定

注册会计师对所审计期间的各类交易和事项运用的认定通常分为以下几种类型。

(1)发生:记录的交易或事项已发生,且与被审计单位有关。发生认定所要解决的问题是管理层是否把那些不曾发生的项目列入财务报表。它主要与财务报表组成要素的高估有关。

(2)完整性:所有应当记录的交易和事项均已记录。发生和完整性两者强调的是相反的关注点。发生目标针对潜在的高估,而完整性目标则针对漏记交易(低估)。

(3)准确性:与交易和事项有关的金额及其他数据已进行了恰当记录。

(4)截止:交易和事项已记录于正确的会计期间。

(5)分类:交易和事项已记录在恰当的账户中。

### 师生教学做

南方公司 2014 年度利润表中的营业收入为 50 000 000 元。

【分析】

发生:记录的营业收入是真实发生的,并且全部与南方公司有关。

完整性:所有应列报的营业收入都包括在财务报表中。

准确性:记录的全年营业收入的金额为 50 000 000 元。

截止:所有记录的营业收入都是在 2014 年度发生的。

分类:所有应当记录在营业收入中的交易都已记录在营业收入中,所有不应当记录在营业收入中的交易都没有记录在营业收入中。

### 学生独立做

南方公司 2014 年度利润表中的营业成本为 30 000 000 元。

【分析】

发生:______________________________

完整性:______________________________

准确性:______________________________

截止:______________________________

分类:______________________________

## 三、与期末账户余额相关的认定

注册会计师对期末账户余额运用的认定通常分为以下几种类型。

(1)存在:记录的资产、负债和所有者权益是存在的。与发生认定类似,存在认定所要解决的问题是管理层是否把那些不存在的项目列入财务报表。存在认定也主要与财务报表组成要素的高估有关。

(2)权利和义务:记录的资产由被审计单位拥有或控制,记录的负债是被审计单位应当履行的偿还义务。

(3)完整性:所有应当记录的资产、负债和所有者权益均已记录。完整性认定主要与财务报

表组成要素的低估有关。

(4)计价和分摊:资产、负债和所有者权益以恰当的金额包括在财务报表中,与之相关的计价或分摊已恰当记录。

## 师生教学做

南方公司 2014 年 12 月 31 日资产负债表中的货币资金为 600 000 元。

【分析】

存在:记录的货币资金是真实存在的。

权利和义务:记录的货币资金全部由南方公司拥有和控制。

完整性:所有应列报的货币资金都包括在财务报告中。

计价和分摊:记录的货币资金期末余额为 600 000 元。

## 学生独立做

南方公司 2014 年 12 月 31 日资产负债表中的存货为 8 000 000 元。

【分析】

存在:______________________________

权利和义务:______________________________

完整性:______________________________

计价和分摊:______________________________

### 四、与列报和披露相关的认定

各类交易和账户余额的认定正确只是为列报正确打下必要的基础。财务报表还可能因被审计单位误解有关列报的规定或舞弊等而产生错报。另外,还可能因被审计单位没有遵守一些专门的披露要求而导致财务报表的错报。因此,即使注册会计师审计了各类交易和账户余额的认定,实现了各类交易和账户余额的具体审计目标,也并不意味着获取了足以对财务报表发表审计意见的充分、适当的审计证据。因此,注册会计师还应当对各类交易、账户余额及相关事项在财务报表中列报的正确性实施审计。

注册会计师对列报和披露运用的认定通常分为以下几种类型。

(1)发生及权利和义务:披露的交易、事项和其他情况已发生,且与被审计单位有关。例如,注册会计师复核董事会会议记录中是否记载了固定资产抵押等事项,询问管理层固定资产是否被抵押,即对列报的权利认定的运用。如果被审计单位拥有被抵押的固定资产,则需要将其在财务报表中列报,并说明与之相关的权利受到限制。

(2)完整性:所有应当包括在财务报表中的披露均已包括。例如,注册会计师检查关联方和关联交易,以验证其在财务报表中是否得到充分披露,即对列报的完整性认定的运用。

(3)分类和可理解性:财务信息已被恰当地列报和描述,且披露内容表述清楚。例如,注册会计师检查存货的主要类别是否已披露,是否将一年内到期的长期负债列为流动负债,即对列报的分类和可理解性认定的运用。

(4)准确性和计价:财务信息和其他信息已公允披露,且金额恰当。例如,注册会计师检查财务报表的附注是否分别对原材料、在产品和产成品等存货成本的核算方法做了恰当的说明，即对列报的准确性和计价认定的运用。

注册会计师可以按照上述分类进行认定，也可以按其他方式表述认定，但应涵盖上述所有方面。例如，注册会计师可以选择将有关交易和事项的认定与有关账户余额的认定综合运用。又如，当发生和完整性认定包含了对交易是否记录于正确会计期间的恰当考虑时，就可能不存在与交易和事项截止相关的单独认定。

# 任务三　确定审计目标

## 一、与所审计期间各类交易和事项相关的审计目标

(1)发生:由发生认定推导的审计目标是确认已记录的交易是真实的。例如，若未发生销售交易，但在销售账簿中记录了一笔销售，则违反了该目标。

(2)完整性:由完整性认定推导的审计目标是确认已发生的交易确实已经记录。例如，若发生了销售交易，但没有在销售明细账和总账中记录，则违反了该目标。

(3)准确性:由准确性认定推导的审计目标是确认已记录的交易是按正确金额反映的。例如，若在销售交易中，发出商品的数量与账单上的数量不符，或在开账单时使用了错误的销售价格，或数量与单价相乘与销售金额不符，或在销售明细账中记录了错误的金额，均违反了该目标。

(4)截止:由截止认定推导的审计目标是确认接近于资产负债表日的交易记录于恰当的期间。例如，若本期交易推到下期，或下期交易提到本期，均违反了截止目标。

(5)分类。由分类认定推导的审计目标是确认被审计单位记录的交易经过适当分类。例如，若将现销记录为赊销，将出售经营性固定资产所得的收入记录为营业收入，则会导致交易分类的错误，从而违反了分类的目标。

## 二、与期末账户余额相关的审计目标

(1)存在:由存在认定推导的审计目标是确认记录的金额确实存在。例如，若不存在某顾客的应收账款，在应收账款明细账中却列入了对该顾客的应收账款，则违反了存在目标。

(2)权利和义务:由权利和义务认定推导的审计目标是确认资产归属于被审计单位，负债归属于被审计单位的义务。例如:将他人寄售商品列入被审计单位的存货中，违反了权利目标;将不属于被审计单位的债务记入账内，违反了义务目标。

(3)完整性:由完整性认定推导的审计目标是确认已存在的金额均已记录。例如，若存在某顾客的应收账款，在应账款明细账中却没有列入对该顾客的应收账款，则违反了完整性目标。

(4)计价和分摊:由计价和分摊认定推导的审计目标是资产、负债和所有者权益以恰当的金额包括在财务报表中，与之相关的计价，或分摊调整已恰当记录。否则便违反了计价和分摊目标。

## 三、与列报和披露相关的审计目标

(1)发生及权利和义务:由发生及权利和义务认定推导的审计目标是确认列报和披露的交易是真实的,列报和披露的资产归属于被审计单位,列报和披露的负债归属于被审计单位的义务。否则便违反了发生及权利和义务目标。

(2)完整性:由完整性认定推导的审计目标是确认已存在的金额均已列报和披露。如果应当披露的事项没有包括在财务报表中,则违反了该目标。

(3)分类和可理解性:由分类和可理解性认定推导的审计目标是确认财务信息已被恰当地列报和描述,且披露内容表述清楚。否则便违反了分类和可理解性目标。

(4)准确性和计价:由准确性和计价认定推导的审计目标是确认财务信息已公允披露,且金额恰当。否则便违反了准确性和计价目标。

## 四、管理层认定、具体审计目标和审计程序之间的关系

管理层认定是确定具体审计目标的基础,注册会计师通常将管理层认定转化为能够通过审计程序予以实现的具体审计目标,然后通过执行一系列审计程序获取充分、适当的审计证据以实现审计目标。管理层认定、审计目标、审计程序之间的关系(以具体项目的审计为例)如表 1-1 所示。

**表 1-1 管理层认定、审计目标和审计程序之间的关系**

| 管理层认定 | 具体审计目标 | 具体审计程序 |
| --- | --- | --- |
| 存在 | 资产负债表列示的存货存在 | 实施存货监盘程序 |
| 完整性 | 销售收入包括所有已发生的交易 | 检查发货单和销售发票的编号及销售明细账 |
| 准确性 | 应收账款反映的销售业务是否基于正确的价格和数量,计算是否正确 | 比较价格清单与发票上的价格,以及发货单的数量与销售订购单上的数量是否一致,重新计算发票上的金额 |
| 截止 | 销售业务记录在恰当的期间 | 比较上一年度最后几天和下一年度最初几天的发货单日期与记账日期 |
| 权利和义务 | 资产负债表中的固定资产确实为公司拥有 | 查阅所有权证书、购货合同、结算单和保险单 |
| 计价和分摊 | 以净值记录应收账款 | 检查应收账款账龄分析表,评估计提的坏账准备是否充足 |

## 学生独立做

【实训内容】

根据具体审计目标或审计程序,指出相关的管理层认定。

【实训材料】

注册会计师汪毅平在审查南方公司 2014 年度财务报表时,针对财务报表的不同项目提出了若干具体审计目标或审计程序,表 1-2 摘录了其中的一部分。

【实训要求】

将与所列示的审计目标或审计程序相对应的管理层认定填入表1-2中。

表1-2 管理层认定、审计目标和审计程序之间的关系

| 具体目标或程序 | 管理层认定的名称 |
| --- | --- |
| 确定应收票据是否存在漏记的情况 | |
| 检查生产设备的发票、核对付款人是否为南方公司 | |
| 固定资产与低值易耗品的金额界限是否明确 | |
| 应收票据明细账余额合计是否与总账金额相符 | |
| 存货的跌价准备已适当计提 | |
| 编制或获取营业收入项目的明细表、复核、合计正确 | |

# 项目二

# 运用审计方法

审计方法是指审计人员为了行使审计职能、完成审计任务、达到审计目标所采取的方式、手段和技术的总称。审计方法分为一般方法和抽样方法。

## 任务一　运用审计一般方法

审计一般方法分为基本审计方法和辅助审计方法。

### 一、基本审计方法

基本审计方法包括审阅法、复核法、核对法、盘存法、函证法等。

（一）审阅法

审阅法是指通过对被审计单位有关书面资料进行仔细审视和阅读，查明有关资料及其所反映的经济活动是否合法、合理和有效，是否需要采用其他方法进一步审计的一种审计方法。审阅法是一种最基本的审计方法，在任何审计中都会运用。审计人员运用它不仅可以取得一些直接证据，还可以找出可能存在的问题和疑点，并作为进一步审查的线索，从而取得间接证据。审阅法主要用于各种书面资料的审查，以取得书面证据。书面资料主要包括会计资料、其他经济信息及管理资料。

**1. 会计资料的审阅**

会计资料包括会计凭证、会计账簿和会计报表。审计人员对它们的审阅应注意如下要点。

(1)会计资料本身的外在形式是否符合会计原理的要求和有关制度的规定。

(2)会计资料的记录是否符合要求。

(3)会计资料反映的经济活动是否真实、正确、合法和合理。

(4)有关书面资料之间的钩稽关系是否存在与正确。

**2. 其他资料的审阅**

审计人员对会计资料以外的其他资料进行审阅，往往是为了获取进一步的信息。至于到底需要审阅哪些其他资料，应视审计时的具体情况而定。审阅的其他资料通常包括法规文件、规章制度、计划预算、经济合同或协议、内部生产与考勤记录等。对其他书面资料审阅的重点是关注其来源是否可靠、数据计算是否正确、业务内容是否合法等。

**3. 审阅的技巧**

审阅的主要目的是通过对有关资料的仔细观察和阅读，借以发现一些疑点和线索，以抓住重点，缩小检查范围。这就要求审计人员掌握一定的审阅技巧。

(1)从有关数据的增减变动有无异常来判断有无问题。

(2)联系实际，从会计资料和其他资料反映经济活动的真实程度来判断有无问题。

(3)从会计账户对应关系的正确性来判断有无问题。

(4)从时间上有无异常来分析判断有无问题。

(5)从单位购销活动的内容有无异常来判断有无问题。

(6)从业务经办人员的业务能力、工作态度及思想品德来判断有无问题。

(7)从资料本身应具备的要素内容来判断有无问题。

要有效地运用审阅法，必须结合使用复核法和核对法，及时证实审阅中发现的问题。审阅时应认真仔细，善于发现疑点和线索，并要进行完整的记录。为了避免重复和疏漏，审阅时应运用符号，以区别已审阅和未审阅的资料。

(二)核对法

核对法是指将书面资料相关记录之间，或书面资料的记录与实物之间进行互相核对，以验证其是否相符的一种常用的审计方法。核对法是审计方法中较为重要的技术方法。按照复式记账的原理核算，资料之间会形成一种相互制约的关系，无论被审计单位存在无意的差错还是故意的舞弊，都会使制约关系失去平衡。因此，通过对相关资料之间的核对，就能发现可能存在的各种问题。

**1. 会计资料间的核对**

(1)核对记账凭证与所附原始凭证以查明是否相符。

(2)核对汇总记账凭证与分录记账凭证的合计以查明是否相符。

(3)核对记账凭证与明细账、日记账及总账以查明账证是否相符。

(4)核对总账与所属明细账的余额之和以查明账账是否相符。

(5)核对报表与有关总账和明细账以查明账表是否相符。

(6)核对有关报表以查明报表间的相关项目，或总表与有关明细表之间是否相符。

**2. 会计资料与其他资料的核对**

(1)核对账单。如核对银行存款日记账与银行对账单，核对企业的应收应付款与外来的对账单。

(2)核对其他原始记录。如核对生产记录、存货的收发存记录、职工名册及调动记录、考勤记录、重要会议记录或信件等。

**3. 有关资料记录与实物的核对**

报表或账目所反映的有关财产物资是否确实存在，是财产所有者普遍关心的问题。因此，核对账面上的记录与实物之间是否相符是核对的重要内容。一般情况下，应将有关盘点资料同其账面记录进行核对，或用审计时的实地盘点结果同其账面记录进行核对。这种方法最好结合盘存法使用。

### (三)盘存法

盘存法是指通过对有关财产物资的清点、计量来证实账面反映的财物是否确实存在的一种审计方法。按具体做法的不同,盘存法有直接盘存法和监督盘存法两种。

直接盘存法是指审计人员在实施审计检查时,通过亲自盘点有关财物来证实与账面记录是否相符的一种盘存方法。

监督盘存法又称监盘,是指审计人员现场监督被审计单位各种实物资产及库存现金、有价证券等的盘点,并进行适当的抽查。

### (四)函证法

函证法是指审计人员根据审计的具体情况,设计出一定格式的函件并寄给有关单位和人员,根据对方的回答来获取某些资料,或对某问题予以证实的一种审计方法。函证法是一种十分有效的审计方法,一般能够获取较为可靠的审计证据。函证按要求对方回答方式的不同,分为积极式函证和消极式函证两种。积极式函证是指对于函证的内容,不管在什么情况下,都要求对方直接以书面的形式向审计人员做出答复。消极式函证是指对于函证的内容,只有当对方存有异议时,才要求对方直接以书面文件形式向审计人员做出答复。至于在何种情况下应用积极式函证或消极式函证,一般视函件业务事项的具体情况而定。

## 学生独立做

【实训内容】

对南方公司应收账款进行函证。

【实训材料】

南方公司2014年12月31日应收账款部分明细资料如表2-1所示。

**表2-1　南方公司2014年12月31日应收账款明细表**　　单位:元

| 客　户 | 摘　要 | 发票号码 | 销售日期 | 金　额 |
|---|---|---|---|---|
| 东海销售公司 | 销售 | 0055636 | 2008年03月 | 288 000 |
| 南海销售公司 | 销售 | 0068825 | 2009年06月 | 156 000 |
| 东华仪器三厂 | 销售 | 0079982 | 2013年02月 | 12 000 |
| 大兴有限公司 | 销售 | 0098226 | 2014年10月 | 320 000 |
| 兴隆有限公司 | 销售 | 0100568 | 2014年11月 | 112 000 |

【实训要求】

请你从以上应收账款客户中选择几个客户发询证函,应对哪些客户发函,是用积极式询证函还是用消极式询证函。

## 二、辅助审计方法

辅助审计方法主要包括分析法、询问法等。

(一)分析法

分析法是指在审计时通过对被审计项目有关内容的对比与分析,从中找出项目的差异及各项目的构成因素,以揭示其中有无问题,从而为进一步审计提供线索或主攻方向的一种审计技术方法。常用的分析方法有以下几种。

**1. 比较分析法**

比较分析法是指直接通过对有关审计项目之间的对比,揭示其中的差异所在,并在此基础上分析判断差异是否正常及其形成的原因,从而判明经济活动是否合理、有效,被审计单位有无问题的一种分析方法。按照对比时所用指标的不同,比较分析分为绝对数比较分析和相对数比较分析。

**2. 科目分析法**

科目分析法也称账户分析法,是审计分析中的一种主要技术方法。科目分析法是指以会计原理为依据,对总分类账的借方或贷方的对应账户及其发生额和余额是否正常进行分析的一种方法。例如,将"主营业务收入"与"银行存款""应收账款""库存现金"等账户结合起来分析,既可以审查有无差错和弊端,还可以了解产品销售情况、应收账款发生和收回情况、费用发生与支付情况等。

**3. 趋势分析法**

趋势分析法是指从发展的观点分析研究经济活动在时间上的变动情况,以揭示其增减变动的速度及其发展是否正常、合理和有无问题的一种分析方法。它不仅着眼于某个时点,而且从各个不同时期的综合比较中揭示经济活动的规律性并预测未来。因此,趋势分析法既可以用于揭示被审计单位财务上的问题,也可用于经济效益审计中揭示经济活动的发展前景及其趋势。

## 学生独立做

【实训内容】

对南方公司的资产负债表进行变动趋势分析。

【实训材料】

南方公司 2012—2014 年资产负债表的有关资产数据如表 2-2 所示,资金数据如表 2-3 所示。

**表 2-2 南方公司 2012—2014 年资产结构数据**

| 项　　目 | 2012 年 | 2013 年 | 2014 年 | 行业比例 |
|---|---|---|---|---|
| 流动资产 | 57.60% | 56.36% | 55.57% | 50%~70% |
| 长期资产 | 2.80% | 3.99% | 2.91% | 30%~40% |
| 固定资产 | 37.60% | 39.22% | 41.52% | |
| 其他资产 | 2.00% | 0.43% | 0 | 5%~10% |
| 资产合计 | 100% | 100% | 100% | — |

表 2-3　南方公司 2012—2014 年资金结构数据

| 项　　目 | 2012 年 | 2013 年 | 2014 年 | 行 业 比 例 |
| --- | --- | --- | --- | --- |
| 流动负债 | 70.02% | 85.38% | 92.58% | 30%～40% |
| 长期负债 | 22.80% | 6.28% | 6.68% | 15%～25% |
| 所有者权益 | 7.18% | 8.34% | 0.74% | 35%～50% |
| 负债与所有者权益 | 100% | 100% | 100% | — |

【实训要求】

利用分析法分别对南方公司 2012—2014 年的资产结构和资金结构的状况及变动趋势进行分析，并指出该公司目前存在的财务风险。

（二）询问法

询问法也称面询法，是指审计人员针对某个或某些问题通过直接找有关人员进行面谈，以取得必要的资料或对某一问题予以证实的一种审计技术方法。

**1. 询问的类型**

按照询问对象的不同，询问法可以分为知情人的询问和当事人的询问。知情人的询问是指通过找有关知晓某一问题具体情况的人进行面谈，来获得资料或证实问题；当事人的询问是指找有关问题的直接负责人进行面谈，来获取资料或核实问题。按照询问的方式不同，询问法又可分为个别询问和集体询问。个别询问是指找有关人员进行单个面谈；集体询问是指找多个有关人员一起面谈，即开座谈会。

**2. 询问的策略**

询问时应该创造适宜的气氛，恰当地提出问题，注意询问的技巧，才能够保证被询问人愿意如实地将所知道的情况提供给审计人员。

**3. 运用询问法应注意的事项**

（1）应有两个或两个以上的审计人员在询问现场，相互配合。

（2）已列入计划的询问对象应予保密，特别是对当事人的询问更应如此。

（3）询问时应认真做好询问笔录，在询问完毕后交被询问人审阅并签名，以明确责任，防止口说无凭。

（4）对涉及多个当事人的询问，应单独同时进行，以防相互串通建立攻守同盟。

（5）询问获得的证据属于口头证据，证明力较弱，只能用作重要证据的补充证据，不足以直接证明问题。

# 任务二　运用审计抽样方法

审计抽样是指注册会计师从某类交易或账户余额总体中采用抽样方法选取低于百分之百的项目(样本)实施审计程序,获取和评价与样本某些特征有关的审计证据,并根据样本结果推断总体的特征,对审计对象总体得出结论。

## 一、审计抽样的基本步骤

审计抽样的基本步骤包括以下三个阶段,一般依次进行。

### (一)设计审计样本

在设计审计样本时,注册会计师首先要考虑拟实现的具体目标,并根据目标和总体的特点确定能够最好地实现该目标的审计程序组合,以及如何在实施审计程序时运用审计抽样。审计样本设计分以下几个步骤。

(1)确定测试目标。审计抽样必须紧紧围绕审计测试的目标展开。因此,确定测试目标是设计样本阶段的第一项工作。

(2)定义总体与样本单元。在实施抽样前,必须仔细定义总体,确定抽样总体的范围。抽样单元是指构成总体的个体项目。在定义抽样单元时,应使其与审计测试目标保持一致。在定义总体时,通常都指明了抽样单元。

(3)定义误差构成条件。为了保证执行审计程序时有所依据地识别误差的标准,需要定义误差构成的条件。

(4)确定审计程序。注册会计师必须确定能够最好地实现控制测试目标的审计程序组合。

### (二)选取审计样本

对样本进行设计之后,就应当通过一定的手段选取样本。审计抽样中选取样本的工作主要包括以下几个步骤。

(1)确定样本规模。样本规模是指从总体中选取样本项目的数量。注册会计师应当确定足够的样本规模,以将抽样风险降至可接受的程度。影响样本规模的因素主要包括可接受的抽样风险、可容忍误差、预计总体误差、总体变异性和总体规模。可接受的抽样风险和可容忍误差与样本规模成反向变动;预计总体误差和总体变异性与样本规模成同向变动;总体规模对样本规模的影响很小,一定程度上成同向变动。

(2)选取样本。在选取样本时,应当使总体中的每个抽样单元都有被选取的机会。在统计抽样中,注册会计师在选取样本项目时,每个抽样单元的概率是已知的;在非统计抽样中,注册会计师根据判断选取样本项目。

(3)对样本实施审计程序。注册会计师应当针对选取的每个项目实施适当的具体审计程序,目的是发现并记录样本中存在的误差。

### (三)评价样本结果

在样本设计、选取之后,应当评价其结果,评价样本结果的主要步骤如下。

(1)分析样本误差。注册会计师应当调查识别出所有误差的性质和原因,并评价其对审计程序的目的和审计的其他方面可能产生的影响。分析样本误差对样本结果的定性评估和定量评估一样重要。

(2)推断总体误差。审计抽样的主要特征是抽取的样本能够代表总体特征。注册会计师应当根据样本的误差来推断总体误差。

(3)形成审计结论。注册会计师应当将推断的总体误差与可容忍误差进行比较,同时考虑抽样风险的存在,最终形成审计结论。

## 二、审计抽样的基本方法

审计采用的抽样方法主要有以下三种。

### (一)随机抽样

审计使用随机抽样需以总体中的每一项目都有不同的编号为前提。注册会计师可以使用计算机生成的随机数,如电子表格程序、随机数码生成程序、通用审计软件程序等计算机程序产生的随机数,也可以使用随机数表获得所需的随机数。

随机数是一组从长期来看出现概率相同的数码,其不会产生可识别的模式。随机数表也称乱数表,它是由随机生成的从0~9共10个数字所组成的数表,每个数字在表中出现的次数是大致相同的,出现在表中的顺序是随机的。表2-4就是5位随机数表的一部分。

**表2-4 随机数表**

| | | | | | | | | | |
|---|---|---|---|---|---|---|---|---|---|
| 32044 | 69037 | 29655 | 92114 | 81034 | 40582 | 01584 | 77184 | 85762 | 46505 |
| 23821 | 96070 | 82592 | 81642 | 08971 | 07411 | 09037 | 81530 | 56195 | 98425 |
| 82383 | 94987 | 66441 | 28677 | 95961 | 78346 | 37916 | 09416 | 42438 | 48432 |
| 68310 | 21792 | 71635 | 86089 | 38157 | 95620 | 96718 | 79554 | 50209 | 17705 |
| 94856 | 76940 | 22165 | 01414 | 01413 | 37231 | 05509 | 37489 | 56459 | 52983 |
| 95000 | 61958 | 83430 | 98250 | 70030 | 05436 | 74814 | 45978 | 09277 | 13827 |
| 20764 | 64638 | 11359 | 32556 | 89822 | 02713 | 81293 | 52970 | 25080 | 33555 |
| 71401 | 17964 | 50940 | 95753 | 34905 | 93566 | 36318 | 79530 | 51105 | 26952 |
| 38464 | 75707 | 16750 | 61371 | 01523 | 69205 | 32123 | 03436 | 14489 | 02086 |
| 59442 | 59247 | 74955 | 82835 | 98378 | 83513 | 47870 | 20795 | 01352 | 89906 |

注册会计师在运用随机数表时,首先应对总体项目进行编号,建立总体中的项目与表中数字一一对应关系。然后从随机数表中确定选样的位数,选择一个随机起点和一个选号路线。随机起点和选号路线可以任意选择,但一经选定就不得改变。从随机数表中任选一行或任何一栏开始,按照一定的方向(上、下、左、右均可)依次查找,符合总体项目编号要求的数字,即为选中的号码,与此号码相对应的总体项目即为选取的样本项目,一直到选足所需的样本量为止。

## 师生教学做

【实训内容】

利用随机数表进行随机选样。

【实训材料】

从序号为0500～5000的转账支票中选取样本，样本量为10。

【实训要求】

选出10张转账支票作为样本进行审计。（注：以随机数表所列数字的前4位数字与转账支票号码一一对应；从第5列第1个数为起点，选号路线从上到下，从右到左，依次进行。）在老师的指导下，完成抽样过程，列出10个被选中的转账支票号码。

____________________

____________________

____________________

____________________

## 学生独立做

【实训内容】

利用随机数表进行随机选样。

【实训材料】

由40页、每页50行组成的应收账款明细表，采用4位数字编号，前两位由01～40的整数组成，表示该记录在明细表中的页数；后两位由01～50的整数组成，表示该记录的行次。样本量为10。

【实训要求】

选出10笔应收账款的记录作为样本进行审计。（注：以随机数表所列数字的前4位数字与应收账款记录的编号一一对应；从第9行第1个数为起点，选号路线从下到上，从左到右，依次进行。）由学生独立完成抽样过程，列出10个被选中的应收账款记录的编号。

____________________

____________________

____________________

____________________

（二）系统选样

系统选样也称等距抽样，是指按照相同的间隔从审计对象总体中等距离地选取样本的一种选样方法。采用系统选样法，首先要计算选样间距，确定选样起点，然后根据间距顺序地选取样本。使用系统抽样方法要求总体必须是随机排列的。选样间距的计算公式为：

选样间距＝总体规模÷样本规模

## 师生教学做

【实训内容】

通过计算分析，进行系统选样。

【实训材料】

注册会计师要对南方公司的转账支票进行抽样审计，查获转账支票的总体为2659～4258，需选取的样本量为80。随意拟定的抽样起点为总体中的第3张转账支票。

【实训要求】

在教师的指导下,完成系统抽样。

(1)选样间距=

(2)被抽中的转账支票样本的号码依次是:

## 学生独立做

【实训内容】

通过计算分析,进行系统选样。

【实训材料】

注册会计师要对南方公司的销售发票进行系统选样,经查销售发票连续编号,不重不漏,其编号自 0652 开始至 4251 为止,设定样本量为 120,抽样起点为所有销售发票中的第 9 张。

【实训要求】

由学生独立完成系统抽样。

(1)选样间距=

(2)第 1 个样本的编号是:

(3)第 8 个样本的编号是:

(4)第 16 个样本的编号是:

(5)第 23 个样本的编号是:

### (三)随意选样

随意选样是指注册会计师不带任何偏见地选取样本,即选样时注册会计师不考虑项目的性质、大小、外观、位置或其他特征。随意选样的主要缺点是注册会计师很难完全无偏见地选取样本项目,因而很可能使样本失去代表性。例如,注册会计师在选样时容易回避难以找到的项目,或总是选择或回避每页的第一个或最后一个项目。

# 项目三

# 实施审计程序

审计程序是项目审计的工作程序，是从审计项目开始，直到全面完成审计为止全过程中经历的工作步骤，而不是审计机构所有工作的程序或审计过程中某一阶段某项工作的程序。审计程序是实现审计规范化、审计工作有条不紊地顺利进行的重要保证，也是审计准则和职业道德的基本要求。审计程序包括的范围因事而异。但无论是何种审计，一般都要经过准备阶段、实施阶段和终结阶段。

## 任务一　认知审计准备阶段的主要程序

### 一、开展初步业务活动

注册会计师在计划审计工作前，需要开展初步业务活动。其主要目的是：确保注册会计师已具备执行业务所需要的独立性和专业胜任能力，即能不能审；确定不存在因管理层诚信问题影响注册会计师保持该项业务意愿的情况，即愿不愿审；确保与被审计单位不存在对业务约定条款的误解，即双方能否达成一致。

#### （一）初步业务活动的主要内容

初步业务活动主要包括以下内容。

(1)针对保持客户关系和具体审计业务实施相应的质量控制程序。

(2)评价遵守职业道德规范的情况。

(3)及时签订或修改审计业务约定书。

#### （二）签订审计业务约定书

审计业务约定书是指会计师事务所与被审计单位签订的，用以记录和确认审计业务的委托与受托关系、审计目标和范围、双方的责任及报告的格式等事项的书面协议。会计师事务所在承接任何审计业务时都应与被审计单位签订审计业务约定书。审计业务约定书有以下作用。

(1)增进会计师事务所与被审计单位之间的了解。

(2)作为被审计单位评价审计业务完成情况、会计师事务所检查被审计单位约定义务履行情况的依据。

(3)作为确定会计师事务所和被审计单位双方应负责任的重要依据。

## 二、了解被审计单位及其环境,评估重大错报风险

注册会计师在同被审计单位签订或修改了审计业务约定书后,就应当了解被审计单位及其环境,从而识别出被审计单位存在的重大错报风险,并且评估重大错报风险。

### (一)了解被审计单位及其环境的主要内容

(1)相关行业状况、法律环境、监管环境及其他外部因素。

(2)被审计单位的性质。

(3)被审计单位对会计政策的选择和运用。

(4)被审计单位的目标、战略及可能导致重大错报风险的相关经营风险。

(5)对被审计单位财务业绩的衡量和评价。

(6)被审计单位的内部控制情况。

### (二)审计重要性

审计重要性是指在具体环境下,被审计单位财务报表错报(包括漏报)的严重程度。如果一项错报单独或连同其他错报可能影响财务报表使用者依据财务报表做出的经济决策,则该项错报是重大的。

#### 1. 从性质上判断错报的重要程度

从性质上判断错报是否重要,主要有几个方面:错报对遵守法律法规及监管要求的影响程度;错报对债务契约或其他合同要求的影响程度;错报掩盖收益或其他趋势变化的程度;错报对财务指标的影响程度;错报对某些报表项目错误分类的程度。

#### 2. 从数量上判断错报的重要程度

重要性水平是从数量方面(错报的金额)确定审计重要性的标准。重要性水平一般分为两个层次,即财务报表层次的重要性水平(总体)和认定层次的重要性水平(具体)。

(1)财务报表层次的重要性水平。当财务报表总体存在很多严重错报时,注册会计师就会判断其影响了财务报表使用者的经济决策。

(2)认定层次的重要性水平。由于财务报表的信息来源于各类交易、账户余额和列报信息,只有通过对具体的认定实施审计,才能对财务报表整体是否存在重大错报得出结论。这一层次的重要性水平也称为可容忍错报,是注册会计师对各项认定确定的可接受的最严重错报。

#### 3. 财务报表层次重要性水平的评估

注册会计师通常先选择一个恰当的基准,再选择适当的百分比,将二者相乘,得出财务报表层次的重要性水平。根据不同的基准可能计算出不同的重要性水平,所以,注册会计师应以实现审计目标为宗旨,根据实际情况合理选择基准和百分比,恰当评估财务报表层次的重要性水平。

在实务中许多汇总性财务数据都可以用作确定财务报表层次重要性水平的基准,审计人员对其具体选择有赖于被审计单位的性质和环境。

(1)对于以营利为目的且收益稳定的企业,来自经常性业务的税前利润或税后净利润可能是一个适当的基准。

(2)对于收益不稳定的企业或非营利性组织,选择费用总额可能更为合适。

(3)对于共同基金公司,选择净资产可能更合适。

通常,营业收入和总资产相对稳定、可预测,且能够反映被审计单位的正常规模,注册会计师经常将其用作确定重要性水平的基准。

在确定恰当的基准后,注册会计师应当合理选择百分比。通常百分比的参考值为:营业收入为0.5%,总资产为0.5%,费用总额为0.5%,税前利润或税后净利润为5%,净资产为0.5%。

注册会计师在执行具体审计业务时,应当根据具体情况做出职业判断。一般来说,被审计单位规模越大,百分比就越小。

**4. 认定层次重要性水平的评估**

认定层次重要性水平(可容忍错报)的确定以注册会计师对财务报表层次重要性水平的初步评估为基础。评估认定层次重要性水平考虑的因素有以下几个。

(1)认定层次重要性水平与报表层次重要性水平的关系(一般前者不应超过后者。)

(2)对各项认定进行审计的难易程度(对于难度大的项目,应确定高一些的可容忍错报,以降低审计成本)。

(3)各项认定发生错报的可能性(对于发生错报可能性大的项目,应确定高一些的可容忍错报,以降低审计成本)。

(4)各项认定受关注的程度(对于受关注程度高的项目,应确定低一些的可容忍错报,以保证审计质量)。

**5. 重要性水平的运用**

审计重要性水平的运用贯穿于整个审计过程。

(1)在审计准备阶段,重要性水平可帮助注册会计师确定审计程序的性质、时间和范围。

(2)在审计实施阶段,注册会计师可根据获取的信息,进一步评估重要性水平的适当性,确定是否需要修改重要性水平,进而修改审计计划。

(3)在审计结束阶段,注册会计师可重新评估重要性水平,考虑据以实施的审计程序是否适当。注册会计师可结合最终确定的重要性水平,评价已汇总错报的影响程度,据以确定审计意见类型。

(三)审计风险

审计风险是指财务报表存在重大错报而注册会计师发表不恰当的审计意见的可能性。在风险导向审计模式下,审计风险一般包括重大错报风险和检查风险。

**1. 重大错报风险**

重大错报风险是指财务报表在审计前存在重大错报的可能性。注册会计师通过分析风险的影响范围,可以将财务报表重大错报风险分为两个层次。

(1)财务报表层次重大错报风险。这类风险对财务报表整体产生广泛影响,可能影响多项认定。例如,经济危机、管理层缺乏诚信、治理层形同虚设等情形可能引发报表层次的重大错报。

(2)认定层次重大错报风险。这类风险与特定的交易、账户余额、列报的认定相关,只对某种认定产生重大影响。例如,主要客户陷入财务困境,则应收账款计价认定可能存在重大错报。

**2. 检查风险**

检查风险是指某个认定存在错报，该错报单独或连同其他错报是重大的，但注册会计师未能发现这种错报的可能性。

**3. 审计重要性与审计风险的关系**

审计重要性与审计风险成反比例变动。在实际收集的审计证据一定的前提下，审计重要性水平越低，审计风险就越大；审计重要性水平越高，审计风险就越小。例如，重要性水平分别为2万元、4万元时，实际发现的2万元～4万元的错报对于后者就不构成审计风险。

（四）识别和评估重大错报风险

注册会计师应当识别和评估财务报表层次的重大错报风险。注册会计师应当实施风险评估程序来识别风险，以此作为评估重大错报风险的基础。实施的风险评估程序主要包括以下几种。

**1. 询问被审计单位管理层和其他内部相关人员**

注册会计师除了向管理层和财务负责人询问管理层所关注的主要问题，被审计单位最近的财务状况、经营成果和现金流量，可能影响财务报告的交易和事项，被审计单位发生的其他重要变化等重要信息外，还应当考虑询问内部审计人员、采购人员、生产人员和销售人员等其他相关人员，并考虑询问不同层级的员工，以获取对识别重大错报风险有用的信息。

**2. 实施分析程序**

注册会计师实施分析程序有助于识别异常的交易或事项，以及对财务报表和审计产生影响的金额、比率和趋势。在实施分析程序时，注册会计师应当预期可能存在的合理关系，并与被审计单位记录的金额、依据记录金额计算的比率或趋势相比较。如果发现异常或未预期到的关系，注册会计师应当在识别重大错报风险时考虑这些比较的结果。

**3. 观察和检查**

观察和检查程序可以证实对管理层和其他相关人员的询问结果，并可提供有关被审计单位及其环境的信息。注册会计师应当实施观察和检查程序。

**4. 穿行测试**

穿行测试是指追踪交易在财务报告信息系统中的处理过程，是注册会计师了解被审计单位业务流程及其相关控制时经常使用的审计程序。通过追踪某笔或某几笔交易在业务流程中如何生成、记录、处理和报告，以及相关控制如何执行，注册会计师可以确定被审计单位的交易流程和相关控制是否与之前通过其他程序所获得的了解一致，并确定相关控制是否得到执行。

## 三、制订审计计划

审计计划是指注册会计师为了高效地完成某项审计业务、达到预期审计目标而对审计工作做出的安排，通常包括总体审计策略和具体审计计划两个层次。一般情况下，项目负责人和项目组关键成员应当参与制订审计计划。

（一）总体审计策略

总体审计策略的主要内容有以下几个方面。

**1. 确定审计工作范围**

审计工作的范围主要有：被审计单位编制财务报表适用的会计准则和相关会计制度；特定行业的报告要求；预期的审计工作涵盖的范围，包括数量、地点等；内部审计工作的可利用性及拟信赖程度；需要阅读的含有已审计财务报表的文件中的其他信息；信息技术对审计程序的影响；预期利用以前期间审计工作中获取证据的程度。

**2. 安排审计业务时间**

在安排审计业务时间时，要考虑以下因素：被审计单位提交财务报告的时间要求；执行审计的时间安排（包括期中审计和期末审计）；沟通的时间安排（包括与被审计单位之间、项目组内部、其他注册会计师等的沟通）。

**3. 明确审计工作方向**

在确定审计工作方向时，要考虑的因素有：确定适当的重要性水平；识别重大错报风险较高的审计领域；识别重要的组成部分或账户（包括本身重要的账户和评估出存在重大错报风险的账户）；项目时间预算；以往审计中对内部控制运行有效性评价的结果，以及管理层重视内部控制的相关证据；业务交易量规模；影响被审计单位经营的重大变化；重大的行业发展情况；会计准则及会计制度的变化。

**4. 调配利用审计资源**

在调配利用审计资源时，需要考虑以下因素：项目组人员的选择；向具体审计领域分配资源的数量；何时调配这些资源；如何管理、指导、监督这些资源的利用。

（二）具体审计计划

注册会计师应当为审计工作制订具体的审计工作计划。具体审计计划比总体审计策略更加详细，其核心内容是确定审计程序的性质、时间安排和范围，其涉及的审计程序主要包括风险评估程序、计划实施的进一步审计程序和其他审计程序。

# 任务二　认知审计实施阶段的主要程序

实施阶段的主要程序包括进一步审计程序、控制测试和实质性程序。

## 一、进一步审计程序

进一步审计程序是相对于风险评估程序而言的，是指注册会计师针对评估的各类交易、账户余额、列报层次的重大错报风险实施的审计程序，包括控制测试和实质性程序。

进一步审计程序的总体审计方案通常包括两种，即实质性方案和综合性方案。其中：实质性方案是指注册会计师实施的进一步审计以实质性程序为主；综合性方案是指注册会计师在实施进一步审计程序时，将控制测试与实质性程序结合使用。当评估财务报表层次的重大错报风险属于高风险水平时，拟实施进一步审计程序的总体方案往往更倾向于实质性方案。

进一步审计程序的流程如图 3-1 所示。

## 二、控制测试

控制测试是为了确定控制运行有效性而实施的审计程序。在审计计划阶段，一般要对控制测试的性质、时间和范围做出具体计划。

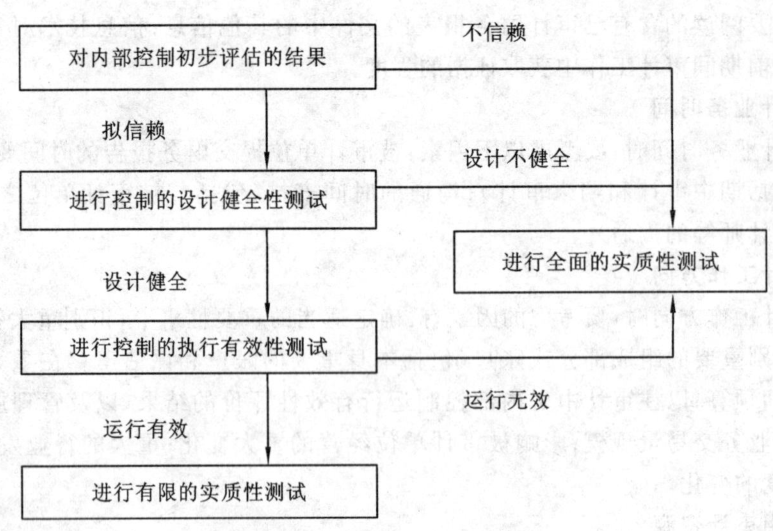


**图 3-1　进一步审计程序流程图**

（一）控制测试的前提条件

控制测试并不是在任何情况下都需要实施的。实施控制测试的情形有两种：一是内部控制的设计合理，且预期内部控制能够得到有效执行；二是仅实施实质性程序不足以获取认定层次充分、适当的审计证据。

（二）控制测试的性质

控制测试的性质是指控制测试所使用的审计程序的类型及其组合，具体包括询问、观察、检查与重新执行。询问，是指注册会计师可以向被审计单位相关员工询问，获取与内部控制运行情况相关的信息。观察是测试不留下书面记录的内部控制运行情况的有效方法。检查是对运行情况留有书面证据的控制。当询问、观察、检查程序结合在一起仍无法获得充分的证据时，注册会计师才考虑使用重新执行来证实控制是否有效运行。

（三）控制测试的时间

对于仅需要测试在特定时点运行有效性的控制，注册会计师只需获取该时点的审计证据（如期末存货盘点）；对于需要测试在某一期间运行有效性的控制，注册会计师应当在多个不同时点进行测试，获取不同时间的审计证据。

控制测试通常是在期中进行的，这样可以提高审计效率，节约审计资源。除此之外，注册会计师还可以利用以前审计获取的审计证据，必要时也可以在期末进行测试。

（四）控制测试的范围

控制测试的范围是指对某项控制活动测试的次数。控制测试范围的确定主要受对控制活动初步评价结果的影响。如果认为相关的控制风险较低，即对控制运行有效性的拟信赖程度较高，则需要更充分、适当的证据来支持这种高信赖水平，实施控制测试的范围就大。

（五）控制测试的结论

注册会计师实施控制测试后，还需要对内部控制情况进行最终评价。得出的结论可能是下列情况之一：控制运行有效；控制运行无效，不值得信赖。注册会计师应根据控制测试的结果，确定其进行实质性程序的性质、时间和范围。

### 三、实质性程序

实质性程序是直接用以发现认定层次的重大错报而实施的审计程序。无论评估的重大错报风险结果如何，都应当针对所有重大交易、账户余额列报实施实质性程序，以应对识别的认定层次重大错报风险。

(一)实质性程序的性质

实质性程序的性质是指实质性程序的类型及其组合，具体包括细节测试和实质性分析程序。

**1. 细节测试**

细节测试是指针对具体细节(如时间、金额等)进行测试，目的在于直接识别财务报表是否存在重大错报。

**2. 实质性分析程序**

实质性分析程序是指在实质性程序中运用的分析程序，目的是通过分析数据之间的关系来评价财务信息，以识别是否有可能存在重大错误。

细节测试必须进行，而实质性分析则可以不使用。

(二)实质性程序的时间

实质性程序经常在期末进行，也有少部分程序可以在期中进行。

(三)实质性程序的范围

实质性程序的范围是指对某项认定实施细节测试或实质性分析程序的次数。其影响因素主要有以下两个：一是评估的认定层次的重大错报风险，其与实质性程序的范围成正比；二是实施控制测试的结果。结果越不好，实质性程序范围越大。

(四)控制测试结果对实质性程序的影响

控制测试结果对实质性程序的性质、时间和范围都可能产生影响。如果控制测试结果表明某一认定的控制是有效运行的，能够支持低水平的风险评估结论，注册会计师期望对其有较高程度的信赖，则只需从实质性程序中获取较低程度的保证。如果控制测试结果表明某一认定的控制并未有效运行，不能支持低水平的风险评估结论，注册会计师对其不能信赖过高，就需要从实质性程序中获取较高程度的保证。

## 任务三　认知审计结束阶段的主要程序

审计结束阶段的主要程序包括：特殊项目审计；与治理层沟通，获取管理层声明；编制审计差异调整表和试算平衡表；评价审计结果，出具审计报告。

### 一、特殊项目审计

(一)期初余额审计

期初余额是指期初已存在的账户余额。期初余额以上期期末余额为基础，反映了以前期间的交易和上期采用的会计政策的结果。

审计人员对财务报表进行审计，是对被审计单位所审期间的财务报表发表审计意见，一般不用专门对期初余额发表审计意见。因为期初余额是编制本期财务报表的基础，所以要对期初余额实施适当的审计程序。

（二）期后事项审计

期后事项是指资产负债表日至审计报告日之间发生的事项，以及审计报告日后发现的事实。期后事项可以按时段划分为三个阶段：资产负债表日后至审计报告日之间发生的事项称为“第一时段期后事项”；审计报告日后至财务报表报出日之间发现的事实称为“第二时段期后事项”；财务报表报出日后发现的事实称为“第三时段期后事项”。

对于期后事项的审计，应掌握以下基本原则：主动识别第一时段期后事项；被动识别第二时段期后事项；没有义务识别第三时段期后事项。

（三）或有事项审计

或有事项是指过去的交易或事项形成的，其结果须由某些未来事项的发生或不发生才能决定的不确定事项。例如，注册会计师审阅截至审计工作完成日被审计单位历次董事会会议纪要和股东大会会议记录，确定是否存在未决诉讼和仲裁、未决索赔、税务纠纷、债务担保、产品质量保证、财务承诺等方面的记录；审阅被审计单位有业务往来的银行函证，或检查被审计单位与银行之间的借款协议和往来函证，以查找有关票据贴现、背书、应收账款抵借、票据背书和担保等行为。

## 二、与治理层沟通，获取管理层声明

（一）与治理层沟通

为了促进审计人员和治理层之间的良性互动，《审计准则》规定了审计人员与治理层沟通的要求。其沟通的事项主要包括审计人员的责任、计划的审计范围和时间、审计工作中发现的问题及审计人员的独立性等。

（二）获取管理层声明

管理层声明是指被审计单位管理层向注册会计师提供的关于财务报表的各项陈述。管理层声明具有两个基本作用。第一，明确管理层对财务报表的责任。被审计单位管理层在声明中对提供给注册会计师的有关资料的真实性、合法性和完整性做出正面陈述，并明确承认对财务报表负责。第二，提供审计证据。被审计单位管理层声明书把管理层对注册会计师的询问所做的答复以书面方式予以记录，其可作为书面证据。

## 三、编制审计差异调整表和试算平衡表

（一）编制审计差异调整表

审计项目组在审计中发现的被审计单位的会计处理方法与有关会计准则不一致，即审计差异。审计项目经理应根据审计重要性原则予以初步确定并汇总审计差异，并建议被审计单位进行调整，使经审计的财务报表所载信息能够公允地反映被审计单位的财务状况、经营成果和现金流量。审计差异按其是否需要调整账户记录，可以分为核算错误和重分类错误两类。

**1. 核算错误**

核算错误是指被审计单位对交易或事项进行不恰当的核算而引起的错误，如虚构销售、漏记负债。对于这类审计差异，注册会计师不仅需要调整报表，还需要调整相关账户记录，编制账

项调整分录汇总表，如表 3-1 所示。

**表 3-1　账项调整分录汇总表**

| 序号 | 内容及说明 | 索引号 | 调整内容 | | | | 影响利润表（±） | 影响资产负债表（±） |
|---|---|---|---|---|---|---|---|---|
| | | | 借方项目 | 借方金额 | 贷方项目 | 贷方金额 | | |
| | | | | | | | | |
| | | | | | | | | |
| | | | | | | | | |
| | | | | | | | | |
| | | | | | | | | |
| | | | | | | | | |
| | | | | | | | | |

与被审计单位的沟通：

参加人员：________________

被审计单位：________________

审计项目组：________________

被审计单位的意见：

结论：

是否同意上述审计调整：________________

被审计单位授权代表签字：________________日期：________________

**2. 重分类错误**

重分类错误是指被审计单位未按照适用的会计准则和相关会计制度的规定编制财务报表而引起的错误。对于这类审计差异，不管错误大小都要进行调整，可以只调整报表，不调整账户记录。注册会计师根据重分类错误编制重分类调整分录汇总表，如表 3-2 所示。

**表 3-2　重分类调整分录汇总表**

| 序号 | 内容及说明 | 索引号 | 调整项目和金额 | | | |
|---|---|---|---|---|---|---|
| | | | 借方项目 | 借方金额 | 贷方项目 | 贷方金额 |
| | | | | | | |
| | | | | | | |
| | | | | | | |
| | | | | | | |
| | | | | | | |
| | | | | | | |
| | | | | | | |

与被审计单位的沟通：

参加人员：________________

被审计单位：________________

审计项目组：________________

被审计单位的意见：

结论：

是否同意上述审计调整：________________

被审计单位授权代表签字：________________日期：________________

**3. 对于没有更正或者不需要更正的错报**

对于没有更正或者不需要更正的错报，注册会计师需要编制未更正错报汇总表，如表 3-3 所示。

**表 3-3　未更正错报汇总表**

| 序号 | 内容及说明 | 索引号 | 调整项目和金额 | | | | 备注 |
|---|---|---|---|---|---|---|---|
| | | | 借方项目 | 借方金额 | 贷方项目 | 贷方金额 | |
| | | | | | | | |
| | | | | | | | |
| | | | | | | | |
| | | | | | | | |
| | | | | | | | |
| | | | | | | | |
| | | | | | | | |
| | | | | | | | |

未更正错报的影响：

1. 总资产＿＿＿＿＿＿＿＿

2. 净资产＿＿＿＿＿＿＿＿

3. 销售收入＿＿＿＿＿＿＿＿

4. 费用总额＿＿＿＿＿＿＿＿

5. 毛利＿＿＿＿＿＿＿＿

6. 净利润＿＿＿＿＿＿＿＿

结论：

被审计单位授权代表签字：＿＿＿＿＿＿＿＿日期：＿＿＿＿＿＿＿＿

## （二）试算平衡表

注册会计师编制试算平衡表的目的是验证被审计单位未审会计报表、调整分录、重分类分录、调整后的金额（审定数）的借贷是否平衡。常用的试算平衡表主要包括资产负债表试算平衡表和利润表试算平衡表。以利润表试算平衡表为例，其参考格式如表 3-4 所示。

**表 3-4　利润表试算平衡表**

被审计单位：＿＿＿＿＿＿＿＿索引号：＿＿＿＿＿＿＿＿

项目：＿＿＿＿＿＿＿＿财务报表截止日/期间：＿＿＿＿＿＿＿＿

编制：＿＿＿＿＿＿＿＿复核：＿＿＿＿＿＿＿＿

日期：＿＿＿＿＿＿＿＿日期：＿＿＿＿＿＿＿＿

| 项　　目 | 审计前金额 | 调整金额 | | 审定金额 |
|---|---|---|---|---|
| | | 借方 | 贷方 | |
| 一、营业收入 | | | | |
| 减：营业成本 | | | | |
| 营业税金及附加 | | | | |

续表

| 项　目 | 审计前金额 | 调整金额 | | 审定金额 |
|---|---|---|---|---|
| | | 借方 | 贷方 | |
| 销售费用 | | | | |
| 管理费用 | | | | |
| 财务费用 | | | | |
| 资产减值损失 | | | | |
| 加:公允价值变动损益 | | | | |
| 投资收益 | | | | |
| 二、营业利润 | | | | |
| 加:营业外收入 | | | | |
| 减:营业外支出 | | | | |
| 三、利润总额 | | | | |
| 减:所得税费用 | | | | |
| 四、净利润 | | | | |

## 四、评价审计结果,出具审计报告

审计人员评价结果主要是为了确定将要发表的审计意见的类型,以及在整个审计工作中是否遵循了审计准则。为此,审计人员必须完成两项工作,即对审计证据、重要性和审计风险进行最终评价,以及对被审计单位已审计财务报表形成审计意见并草拟审计报告。

### (一)对重要性和审计风险进行最终评价

对重要性和审计风险进行最终评价是注册会计师决定发表何种类型审计意见的必要过程。该过程可通过以下两个步骤来完成。

(1)确定可能错报金额。可能错报金额包括已经识别的具体错报金额和推断误差。

(2)根据财务报表层次的重要性水平,确定可能错报金额的汇总数(可能错报总额)对财务报表的影响程度。

注册会计师在审计准备阶段已确定了审计风险的可接受水平。随着可能错报总和的增加,财务报表可能被严重错报的风险也会增加。如果审计风险处在一个可接受的水平,则可以直接提出审计结果所支持的意见;如果注册会计师认为审计风险不能接受,则应追加测试或者说服被审计单位做出必要调整,以便将重要错报风险降低到一个可接受的水平。否则,注册会计师应慎重考虑审计风险对审计报告的影响。

### (二)对被审计单位已审计财务报表形成审计意见,并草拟审计报告

在审计过程中,注册会计师要实施各种测试。这些测试通常是由参与本次审计工作的审计项目组成员来执行的,而每个成员所执行的测试可能只限于某几个领域或某几个账项。所以,在某个功能领域或报表项目的测试完成之后,审计项目经理应汇总所有成员的审计结果。

在完成审计工作阶段,为了对财务报表整体发表适当的审计意见,必须将这些分散的审计结果加以汇总和评价,综合考虑在审计过程中所收集到的全部证据。负责该审计项目的主任会

计师对这些工作负有最终的责任。在有些情况下，这些工作可以先由审计项目经理初步完成，然后逐级交给部门经理和主任会计师认真复核。

在对审计意见形成最后决定之前，会计师事务所通常要与被审计单位召开沟通会议。在会议上，注册会计师可口头报告本次审计所发现的问题，并说明建议被审计单位做出必要调整或表外披露的理由。当然，管理层也可以在会上申辩其立场。最后，会计师事务所与被审计单位通常会对需要被审计单位做出的改变达成协议。如果达成了协议，注册会计师一般即可出具标准审计报告；否则，注册会计师则可能不得不发表其他类型的审计意见。

# 项目四

# 承接审计业务与计划审计工作

对被审计单位实施审计工作，需要了解被审计单位的情况、签订审计业务约定书、编制审计计划等。

## 任务一　了解被审计单位情况

### 一、描述被审计单位的基本情况

描述被审计单位的基本情况，主要包括公司基本情况简介、公司治理结构、管理人员的情况、财务部门设置及人员分工、内部控制情况、开户银行资料、行业状况、公司经营状况、生产工艺流程等。下面以南方公司为例描述被审计单位的基本情况。

（一）公司基本情况简介

南方公司是东华集团下属的子公司。南方公司的注册资本为1000万元，员工306人，厂区占地面积20万平方米，厂房建筑面积5万平方米，总资产近2000万元。主营业务为普通车床、刻模铣床等产品的生产、销售及相关技术服务。其他基本情况如表4-1所示。

**表4-1　南方公司基本情况表**

| 公司名称 | 南方公司 | 公司法定代表人 | 张一凡 |
|---|---|---|---|
| 地址 | 武汉市江夏区五里界街56号 | 邮编 | 430202 |
| 电话 | 027-88887788 | 联系人 | 李春元 |
| 电子信箱 | cuh@kjuytk.com | 网址 | www.kjuytk.com |

（二）公司治理结构

南方公司按照《中华人民共和国公司法》的要求，设有董事会、监事会，董事会下设审计委员会。建立了以股东会为权力机构、董事会为决策机构、经理层为执行机构,各司其职、各尽其责、有效控制的法人治理结构,能够有效地保证生产经营各项工作的正常开展。

(三)管理人员的情况

公司管理人员的情况如表4-2所示。

**表4-2 南方公司管理人员信息表**

| 职　　务 | 姓　　名 | 分管业务 |
|---|---|---|
| 总经理 | 陈兴林 | 全面管理 |
| 副总经理 | 王志兴 | 协助总经理全面管理 |
| 总工程师 | 高海峰 | 技术、生产、质量 |
| 销售部经理 | 邵正阳 | 采购、销售 |
| 财务部经理 | 李金波 | 财务 |

(四)财务部门设置及人员分工

南方公司管理机构健全,制定了销售与收款、采购与付款、生产与存货、货币资金等内部控制制度。财务部门的设置及人员分工如表4-3所示。

**表4-3 财务部门的设置及人员分工**

| 姓　　名 | 手工账分工 | 信息化操作权限 |
|---|---|---|
| 陈高林 | 审核 | 审核 |
| 张波 | 稽核、总账、报表 | 电算主管、数据分析 |
| 陆小风 | 出纳 | 出纳系统操作 |
| 金源泉 | 制单 | 凭证录入 |
| 李昌平 | 存货、成本核算等 | 存货、成本等系统操作 |
| 高有兴 | 固定资产、职工薪酬、往来业务等 | 固定资产、职工薪酬、往来业务等系统操作 |

(五)内部控制情况

南方公司内部控制的情况具体如下。

(1)为了保证企业经营管理合法合规、资产安全、财务报告及相关信息真实完整,提高经营的效率和效果,促进企业实现发展战略的目标,公司考虑控制环境、风险评估、控制活动、信息与沟通和内部监督五要素,制定了比较完整的内部控制体系。

(2)设立内审部,对公司内部控制的设计与执行进行监督,定期对内部控制的健全性和有效性进行评估,以确保内部控制的有效运行。

(3)建立了对管理人员的考评与激励机制。根据年度生产销售、效益等指标的完成情况,按照公司《员工绩效考核办法》对管理人员进行考评,建立了管理人员薪酬与利润挂钩的激励机制。2014年激励方案规定,如果2014年度净利润达到260万元,高管人员可以获得高额奖励。

(4)企业文化。经营理念为"诚信为本、自主创新"和"你的满意是南方人永远的追求"。企业愿景为"产品设计与制造达到世界先进水平"。

(六)开户银行资料

南方公司开户银行资料如表4-4所示。

表 4-4　南方公司开户银行资料

| 开户银行 | 账　号 | 账户性质 | 核定库存现金限额 |
| --- | --- | --- | --- |
| 中国工商银行江夏支行 | 88363986 | 基本账户 | 36 000 元 |
| 中国工商银行中洲办事处 | 225687398257698 | 一般账户 | — |
| 中国建设银行五里界办事处 | 211668597214322 | 一般账户 | — |
| 中国银行江夏支行 | 36625688 | 美元户 | — |

(七)行业状况

南方公司所处行业为重工业机械制造业,作为与国民经济关系密切的重要基础产业,机床产业具有资金技术密集、规模效益显著等特点。目前,从国际经济发展环境来看,国际市场需求处于低迷状态,市场竞争压力增强。但是,机床产业在我国进入了一个蓬勃发展的新时期,机械制造业需求水平提升而引发的制造装备发展的良机,加速推进机床的发展成为推进国内装备制造业持续发展的关键。2014 年行业相关产品及原材料价格行情如表 4-5 所示。

表 4-5　2014 年行业相关产品及原材料价格行情

| 机床商品价格/(元/台) | | 原材料价格/(元/吨) | |
| --- | --- | --- | --- |
| 普通车床 | 40 000～50 000 | 圆钢 | 30 000～40 000 |
| 刻模铣床 | 25 000～30 000 | 生铁 | 2 200～3 000 |
| 数控车床 | 86 000～120 000 | 焦炭 | 390～500 |

(八)公司经营状况

南方公司的主营业务为普通车床、刻模铣床等产品的生产、销售及相关技术服务。该公司用信息化改造传统产业,走新型工业化道路,转变发展方式,进行大规模的技术改造,使企业的数控技术、自动检测技术等达到世界先进水平,突破了一些制约我国数控机床发展的核心技术,生产了一批在国际市场具有竞争力的高端产品。主要产品在国内市场上的占有率为 20%。

南方公司于 2014 年年初制定公司未来发展战略:在发展过程中着重提高企业的机械装备水平;坚持严格的企业管理,以市场为导向灵活经营,增强企业竞争力,努力取得良好的经济效益,使企业不断发展壮大;坚持发展循环经济,走可持续发展道路,把公司建设成为现代化高效企业。该公司 2014 年的经营措施如下。

(1)开拓西部市场,紧紧围绕市场需求开发新产品,提高产品质量,优化产品结构,扩大市场占有率。

(2)抓好原辅料采购,既要充分利用招标、议标,比价采购,降低采购成本,又要积极捕捉原辅料市场变动信息,及时调整采购策略,灵活采购。

(3)加速销售资金回笼,加大营销人员绩效考核力度,确保资金安全,提高资金使用率。

(4)增产降耗,进一步建立、健全内部考核责任制,使增产降耗指标与员工考核紧密结合,充分调动员工的积极性,努力降低生产成本。

(九)生产工艺流程

南方公司有三个基本生产车间和两个辅助生产车间,其工艺流程如图 4-1 所示。

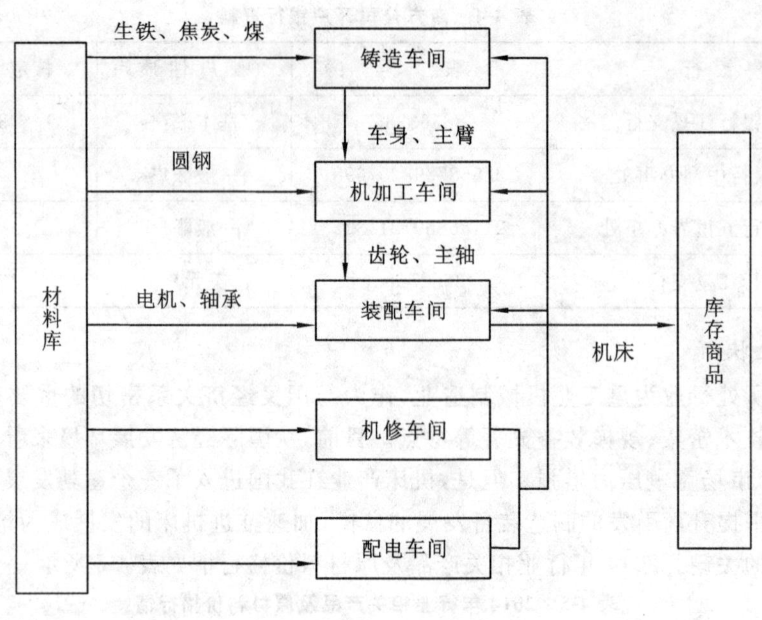


图 4-1 生产工艺流程

## 二、了解被审计单位的会计资料

恒信会计师事务所接受委托，对南方公司 2014 年度的财务报表进行审计。此前，恒信会计师事务所已连续三年受托对南方公司的年度财务报表进行审计。根据协议，南方公司提供了审计所需要的会计资料和其他文件。南方公司 2014 年度未审前的资产负债表和利润表如表 4-6、表 4-7 所示。

表 4-6 资产负债表

企会 01 表

编制单位:南方公司　　2014 年 12 月 31 日　　单位:元

| 资　产 | 年初余额 | 期末余额 | 负债及所有者权益 | 年初余额 | 期末余额 |
|---|---|---|---|---|---|
| 流动资产: | | | 流动负债: | | |
| 货币资金 | 1 193 168.80 | 1 693 029.80 | 短期借款 | 1 600 000.00 | 925 200.00 |
| 交易性金融资产 | | 274 000.00 | 交易性金融负债 | | |
| 应收票据 | 98 982.00 | 98 982.00 | 应付票据 | 40 000.00 | 40 000.00 |
| 应收账款 | 1 600 000.00 | 1 808 000.00 | 应付账款 | 187 200.00 | 862 000.00 |
| 预付账款 | 169 825.00 | 169 825.00 | 预收账款 | | |
| 应收利息 | 50 000.00 | 50 000.00 | 应付职工薪酬 | 248 513.50 | 174 373.50 |
| 应收股利 | 100 000.00 | 100 000.00 | 应交税费 | 381 275.88 | 286 225.59 |
| 其他应收款 | 4 000.00 | 4 000.00 | 应付利息 | 10 490.35 | 14 000.00 |
| 存货 | 3 376 042.09 | 3 435 894.69 | 应付股利 | 450 248.00 | 408 475.20 |
| 一年内到期的非流动资产 | | | 其他应付款 | 72 500.00 | 77 005.00 |

续表

| 资　　产 | 年初余额 | 期末余额 | 负债及所有者权益 | 年初余额 | 期末余额 |
|---|---|---|---|---|---|
| 其他流动资产 | | | 一年内到期的非流动负债 | | |
| 流动资产合计 | 6 592 017.89 | 7 633 731.49 | 其他流动负债 | | |
| 非流动资产： | | | 流动负债合计 | 2 990 227.73 | 2 787 279.29 |
| 可供出售金融资产 | | | 非流动负债： | | |
| 持有至到期投资 | 770 000.00 | 770 000.00 | 长期借款 | 928 800.00 | 914800.00 |
| 长期应收款 | | | 应付债券 | 965 440.00 | 965 440.00 |
| 长期股权投资 | 265 200.00 | 265 200.00 | 长期应付款 | 193 500.00 | 193 500.00 |
| 投资性房地产 | | | 专项应付款 | | |
| 固定资产 | 9 837 878.23 | 9 980 337.54 | 预计负债 | 127 355.00 | |
| 在建工程 | | | 递延所得税负债 | | 277 355.00 |
| 工程物资 | | | 其他非流动负债 | | |
| 固定资产清理 | | | 非流动负债合计 | 2 215 095.00 | 2 351 095.00 |
| 生产性生物资产 | | | 负债合计 | 5 205 322.73 | 5 138 374.29 |
| 油气资产 | | | 所有者权益： | | |
| 无形资产 | 49 500.00 | 43 231.50 | 实收资本 | 9 036 000.00 | 9 340 470.00 |
| 开发支出 | | | 资本公积 | 378 150.00 | 658 330.00 |
| 商誉 | | | 减:库存股 | | |
| 长期待摊费用 | | | 盈余公积 | 842 513.26 | 1 163 066.60 |
| 递延所得税资产 | | 27 255.65 | 未分配利润 | 2 052 610.13 | 2 419 515.29 |
| 其他非流动资产 | | | 所有者权益合计 | 12 309 273.39 | 13 581 381.89 |
| 非流动资产合计 | 10 922578.23 | 11 086024.69 | | | |
| 资产总计 | 17 514596.12 | 18 719756.18 | 负债及所有者权益合计 | 17 514 596.12 | 18 719 756.18 |

**表 4-7　利润表**

企会 02 表

编制单位:南方公司　　　　2014 年 1—12 月　　　　单位:元

| 项　　目 | 本期金额 | 上期金额 |
|---|---|---|
| 一、营业收入 | 16 309 865.38 | 15 104 671.64 |
| 减:营业成本 | 7 556 963.56 | 6 943 737.78 |
| 营业税金及附加 | 353 039.56 | 198 787.83 |
| 销售费用 | 318 355.00 | 318 355.00 |
| 管理费用 | 5 686 586.48 | 5 655 547.49 |
| 财务费用 | 279 718.60 | 231 718.60 |
| 资产减值损失 | 20 019.70 | 20 019.70 |

续表

| 项　　目 | 本期金额 | 上期金额 |
| --- | --- | --- |
| 加:公允价值变动收益(损失以"—"号填列) | —12 000.00 | —12 000.00 |
| 投资收益(损失以"—"号填列) | 693 695.00 | 689 845.00 |
| 其中:对联营企业和合资企业的投资收益 | | |
| 二、营业利润(亏损以"—"号填列) | 2 776 877.48 | 2 414 350.24 |
| 加:营业外收入 | 235 500.00 | 197 269.23 |
| 减:营业外支出 | 629 925.00 | 624 925.00 |
| 其中:非流动资产处置损失 | | |
| 三、利润总额(亏损总额以"—"号填列) | 2 382 452.48 | 1 986 694.47 |
| 减:所得税费用 | 595 613.12 | 496 673.62 |
| 四、净利润(净亏损以"—"号填列) | 1 786 839.36 | 1 490 020.85 |

# 任务二　签订审计业务约定书

## 一、初步业务活动

初步业务活动主要是针对被审计单位的情况和注册会计师自身的情况进行了解和评价,确定是否接受或保持审计业务。恒信会计师事务所承接南方公司 2014 年度报表审计业务后,拟派王志浩为项目经理具体实施审计程序。王志浩于 2014 年 12 月 18 日到 12 月 31 日带领审计人员张君言、李胜江、陈海涛、洪建军等进入南方公司进行前期调查。项目经理王志浩就本组人员的独立性和专业胜任能力进行了评估,同时恒信会计师事务所的质量控制委员会对整个项目组的人员组成进行了独立性评估,认为以王志浩为项目经理的南方公司审计小组具备年度财务报表审计的专业胜任能力和要求,能顺利完成审计任务。

## 二、向前任注册会计师借阅审计工作底稿

项目组首先查阅了近两年的审计工作底稿,经了解,2013 年度财务报表审计是由本会计师事务所项目经理柴申明带队实施的。2013 年审计的重点是收入、费用、成本等领域,主要问题是虚构收入、提前确认收入现象较多、应付账款不入账等。本次在签订审计业务约定书前的调查中,王志浩安排审计人员严格按照销售与收款循环、生产与存货循环等对南方公司的内部控制等基本情况进行更加细致的询问和检查研究,进而确定重大错报风险的领域和大小。

## 三、了解被审计单位重要的会计政策

项目组在了解南方公司内部控制的基础上,进一步了解了企业重要的会计政策,并做了如

下记录。

(一)收入确认

南方公司的收入主要有产品销售收入和技术服务收入。产品销售收入的确认和技术服务收入的确认均遵循《企业会计准则第14号——收入》的有关要求。

(二)存货核算程序

材料按照计划价核算,由公司集中采购、保管,并实行账卡分设的管理模式。材料明细账由会计部门的材料核算员负责登记,采用每月编制"收料汇总表"和"发料汇总表"的方式登记材料总账并调整材料成本差异。

(三)成本核算程序

企业的成本项目为直接材料、直接人工和制造费用。产品成本采用平行结转分步法,各分厂只计算应计入全公司最终完工产品的"份额",最后由公司汇总计算出完工产品的总成本和单位成本。销售成本的结转采用全月加权平均法。

(四)固定资产及其累计折旧的方法

固定资产按实际成本计价,采用直线折旧法计提折旧。南方公司的固定资产主要有房屋建筑物、机器设备、办公设备等。房屋建筑物预计使用年限为20年,预计净残值率为4%;机器设备预计使用年限为6.5年,预计净残值率为6.4%;办公设备预计使用年限为13.5年,预计净残值率为2.8%。

## 四、实地观察被审计单位的管理现场和环境

项目经理王志浩带领项目组人员巡视了南方公司的办公场所,走访了铸造分厂、机加工分厂和装配分厂,查看了原材料、库存商品仓库和重要的机械设备,认为该公司控制环境良好,内部控制流程比较完善,未发现重大错报风险和不安全因素。

## 五、与管理层进行沟通

(一)管理层对诚信和道德价值观的沟通与落实

经了解、询问、观察,南方公司的管理层是一个老、中、青结合的管理团队,成员构成多样化,既有原国有企业管理人员,又有从外企挖来的"精英"。完善的销售体系、一流的售后服务,打造了坚实的南方机床品牌。

(二)公司环境分析

23年来始终以用户需求为目标,以开发市场为己任,以现代的营销服务一体化为经营模式是南方公司开拓市场的基石。注册会计师王志浩就企业经营及行业状况的有关问题询问了相关人员,并做如下记录。

(1)南方公司前两年销售状况转好,盈利能力较强,主要产品处于成熟期,市场占有率高,盈利可观。资金运转尚无产生困难的明显迹象。

(2)高级管理人员的薪酬、考核与公司业绩挂钩,管理人员对公司的盈利能力比较关注。

注册会计师将了解南方公司的情况和实施的审计程序记录在工作底稿中,如表4-8所示。

**表 4-8　南方公司的基本概况**

<table>
<tr><td>企业名称</td><td colspan="6">南方公司</td></tr>
<tr><td>经济性质</td><td colspan="2">国有控股公司</td><td colspan="2">所属行业</td><td colspan="2">制造业</td></tr>
<tr><td>经营范围</td><td colspan="6">普通车床、刻模铣床、高速数控机床的生产与销售及相关技术服务等</td></tr>
<tr><td>总资产</td><td>19 719 726 元</td><td>营业收入</td><td>16 309 865.38 元</td><td>税后利润</td><td colspan="2">1 786 839.22 元</td></tr>
<tr><td rowspan="2">投资者名称</td><td colspan="3">注册资本</td><td colspan="3">实收资本</td></tr>
<tr><td>金额/元</td><td colspan="2">出资比例</td><td colspan="2">金额/元</td><td>占注册资本</td></tr>
<tr><td>南方公司</td><td>4 500 000</td><td colspan="2">45%</td><td colspan="2">4 500 000</td><td>45%</td></tr>
<tr><td>东华集团</td><td>5 500 000</td><td colspan="2">55%</td><td colspan="2">5 500 000</td><td>55%</td></tr>
<tr><td>合计</td><td>10 000 000</td><td colspan="2">100%</td><td colspan="2">10 000 000</td><td>100%</td></tr>
<tr><td>批准机关及证书编号</td><td colspan="3">武汉市工商行政管理局<br>112588765</td><td colspan="2">营业执照号码</td><td>112588685</td></tr>
<tr><td>注册日期</td><td>1992-6-18</td><td>主管工商机关</td><td>江夏区工商局</td><td>主管税务机关</td><td colspan="2">江夏区国税局</td></tr>
<tr><td>主要负责人</td><td>董事长</td><td>张有为</td><td>总经理</td><td>陈兴林</td><td>财务处长</td><td>陈高林</td></tr>
<tr><td>办公地址</td><td colspan="3">武汉市江夏区五里界街 56 号</td><td colspan="2">联系人</td><td>陈高林</td></tr>
<tr><td rowspan="3">委托项目</td><td>类别</td><td colspan="2">年度财务报表审计</td><td colspan="2" rowspan="3">前注册会计师审计情况</td><td rowspan="3">无保留意见</td></tr>
<tr><td>目的</td><td colspan="2">对报表的合法性、公允性发表审计意见</td></tr>
<tr><td>范围</td><td colspan="2">2014 年度财务报表</td></tr>
<tr><td>备注</td><td colspan="6"></td></tr>
</table>

### （三）签订审计业务约定书

恒信会计师事务所与南方公司签订的审计业务约定书如下。

## 审计业务约定书

甲方：南方公司

乙方：恒信会计师事务所

兹由甲方委托乙方对 2014 年度财务报表进行审计，经双方协商，达成以下约定：

一、业务范围与审计目的

1. 乙方接受委托，对甲方按照《企业会计准则》编制的 2014 年 12 月 31 日的资产负债表、2014 年度的利润表、股东权益变动表和现金流量表及财务报表附注（以下统称财务报表）进行审计。

2. 乙方通过执行审计工作，对财务报表的下列方面发表审计意见：(1) 财务报表是否按《企业会计准则》的规定编制；(2) 财务报表是否在所有重大方面公允反映甲方的财务状况、经营成果和现金流量。

二、甲方的责任与义务

（一）甲方的责任

1. 根据《中华人民共和国会计法》及《企业财务会计报告条例》，甲方及甲方负责人有责任保证会计资料的真实性和完整性。因此,甲方管理层有责任妥善保存和提供会计记录(包括但不限于会计凭证、会计账簿及其他会计资料),这些记录必须真实、完整地反映甲方的财务状况、经营成果和现金流量。

2. 按照《企业会计准则》的规定编制财务报表是甲方管理层的责任。这种责任包括设计、实施和维护财务报表编制相关的内部控制,以使财务报表不存在由于舞弊或错误导致的重大错报;选择和运用恰当会计政策;做出合理的会计估计。

(二)甲方的义务

1. 及时为乙方的审计工作提供其所要求的全部会计资料和其他有关资料,并保证所提供资料的真实性和完整性。

2. 确保乙方不受限制地接触任何与审计有关的记录、文件和所需的其他信息。

3. 甲方管理层对其做出的与审计有关的声明予以书面确认。

4. 为乙方派出的有关工作人员提供必要的工作条件和协助,乙方将于外勤工作开始前提供主要事项清单。

5. 按本约定书的约定及时足额支付审计费用及乙方人员在审计期间的交通、食宿、询证等其他相关费用。

三、乙方的责任与义务

(一)乙方的责任

1. 乙方的责任是在实施审计工作的基础上对甲方财务报表发表审计意见。乙方按照《审计准则》的规定进行审计。《审计准则》要求注册会计师遵守职业道德规范,计划和实施审计工作。

2. 审计工作涉及实施审计程序,以获取有关财务报表金额和披露的审计证据。选择的审计程序取决于乙方的判断,包括对由于舞弊或错误导致的财务报表重大错报风险的评估。在进行风险评估时,乙方考虑与财务报表编制相关的内部控制,以设计恰当的审计程序,但目的并非对内部控制的有效性发表意见。审计工作还包括评价管理层选用会计政策的恰当和做出的会计估计的合理性,以及评价财务报表的总体列报。

3. 乙方需要合理计划和实施审计工作,以使乙方能够获取充分、适当的审计证据,为甲方财务报表是否不存在重大错报获取合理保证。

4. 乙方有责任在审计报告中指明所发现的甲方在某重大方面没能遵循《企业会计准则》编制财务报表且未按乙方的建议进行调整的事项。

5. 由于测试的性质和审计的其他固有限制,以及内部控制的固有局限性,不可避免地存在着某些重大错报在审计后可能仍然未被乙方发现的风险。

6. 在审计过程中,乙方如发现甲方内部控制存在乙方认为的重要缺陷,可向甲方提交管理建议书。但乙方在管理建议书中提出的各种事项并不代表已全面说明所有可能存在的缺陷或已提出所有可行的改善建议。甲方在实施乙方提出的改善建议前应全面评估影响。未经乙方书面许可,甲方不得向任何第三方提供乙方出具的管理建议书。

7. 乙方的审计不能减轻甲方及甲方管理层的责任。

(二)乙方的义务

1. 按照约定时间完成审计工作,乙方应于2015年3月6日前出具审计报告。

2. 除下列情况外,乙方应当对执行业务过程中知悉的甲方信息予以保密:取得甲方的授权;根据法律法规的规定,为法律诉讼准备文件或提供证据,以及向监管机构报告发现的违反法规行为；接受行业协会和监管机构依法进行的质量检查；监管机构对乙方进行行政处罚（包括监管机构处罚前的调查、听证）及乙方以此提取复议。

四、商定的沟通对象

双方商定，乙方在根据《审计准则》的规定与治理层沟通时，主要与甲方董事会或执行董事进行沟通。同时，乙方保留针对特定事项或在特定情形下与甲方股东会整体或执行董事沟通的权利。

五、审计收费

1. 本次审计服务的收费是按照乙方已经物价部门备案的恒信会计师事务所服务收费标准或按照乙方各级别工作人员在本次工作中耗费的时间为基础计算的。经双方协商确定审计费用（为审计服务的费用总额）为人民币12万元整。

2. 甲方应予本约定书签署之日起 30 日内支付50%的审计费用，其余款项于2015年3月31日结清。

3. 如果由于无法预见的原因，致使乙方从事本约定书所涉及的审计服务实际时间较本约定书签订时预计的时间有明显的增加或减少时，甲、乙双方应通过协商，相应调整本约定书第五条第1项下所述的审计费用。

4. 如果由于无法预见的原因，致使本约定书所涉及的审计服务不再进行，甲方不得要求退还预付的审计费用（由双方协商确定解决办法）；如上述情况发生于乙方人员完成现场审计工作，并离开甲方的工作现场之后，甲方应另行向乙方支付人民币 2 万元的补偿费。该补偿费应于甲方收到乙方的收款通知之日起 30 日内支付。

5. 与本次审计有关的其他费用（包括交通费、食宿费、询证费等）由甲方承担。

六、审计报告的出具及使用限制

1. 乙方按照《中国注册会计师审计准则第1501号——审计报告》和《中国注册会计师审计准则1502号——非标准审计报告》规定的格式和类型出具审计报告。

2. 乙方向甲方致送审计报告一式五份。

3. 甲方在提交或向外公布审计报告时，不得修改乙方出具的审计报告及其后附的已审计财务报表。当甲方认为有必要修改会计数据、报表附注和所做的说明时，应当事先通知乙方，乙方考虑有关的修改对审计报告的影响，必要时，将重新出具审计报告。

七、本约定书的有效期限

本约定书自签署之日起生效，并在双方履行完成本约定的所有义务后终止。但其中第三（二）2、五、六、九、十、十一项并不因本约定书终止而失效。

八、约定事项的变更

如果出现不可预见的情况影响审计工作如期完成，或需要提前出具审计报告，甲、乙方均可要求变更约定事项，但应及时通知对方，并由双方协商解决。

九、终止条款

1. 如果根据乙方的职业道德及其他有关专业职责、适用的法律法规或其他任何法定要求，乙方认为已不适宜继续为甲方提供约定书约定的审计服务时，乙方可以采取向甲方提出合理通知的方式终止履行本约定书。

2. 在终止业务约定书的情况下，乙方有权就其于本约定书终止之日前对约定的审计服务项目所做的工作收取合理的审计费用。

十、违约责任

甲、乙双方按照《中华人民共和国合同法》的规定承担违约责任。

十一、适用法律和争议解决

本约定书的所有方面均适用中华人民共和国法律进行解释并受其约束。本约定书履行地为乙方出具审计报告所在地，因本约定书所引起的或与本约定书有关的任何纠纷或争议（包括关于本约定书条款的存在、效力或终止，或无效之后果），双方选择以下第 1 种解决方式：

1.向有管辖权的人民法院提起诉讼；

2.提交×××仲裁委员会仲裁。

十二、双方对其他有关事项的约定

本约定书一式两份，甲、乙双方各执一份，具有同等法律效力。

| | |
|---|---|
| 甲方：南方公司（盖章） | 乙方：恒信会计师事务所（盖章） |
| 法定代表人或授权代表：陈兴林（签名盖章） | 法定代表人或授权代表：周宽（签名盖章） |
| 日期：2014 年 12 月 26 日 | 日期：2014 年 12 月 26 日 |
| 地址：武汉市江夏区五里界街 56 号 | 地址：武汉市武昌区 135 号 |
| 邮编：430202 | 邮编：430000 |
| 电话：027-66688××× | 电话：027-68888××× |

# 任务三　编制审计计划

## 一、制定财务报表总体审计策略

经过前期了解被审计单位控制环境和控制活动，注册会计师将南方公司的内部控制风险评估为中低水平。因此，项目组拟采用综合审计程序，即实施控制测试和实质性程序，并对部分重点领域实施详细审计程序的策略。具体内容如下。

（一）重要性水平的初步确定

本项目组采用销售收入总额的 1％或资产总额的 1％孰低的方法确定报表层次的重要性水平，销售收入的重要性水平约为 16 万元（16 309 865.38 元×1％），资产总额的重要性水平近 20 万元（19 719 726 元×1％），则报表层次的重要性水平最终确定为 16 万元。实际执行的重要性水平不得超过计划阶段确定重要性水平的 60％。另外，账户层次的重要性水平采用单独确定法。

（二）确定重大错报风险较高的审计领域

根据前两年审计经验和前期准备阶段的调查情况，项目组初步确定南方公司 2014 年度财务报表审计中的重点领域为销售收入、应收账款、固定资产、存货等，项目组在重点审计的领域派出了具有丰富审计经验的注册会计师参与测试，从而确保审计质量。

（三）调配审计资源与工作进度安排

项目经理为王志浩，项目组成员有张君言、李胜江、陈海涛、洪建军等 9 人，计划外勤审计工作时间为 2015 年 2 月 16 日至 2 月 25 日，会计师事务所内勤工作时间为 2015 年 2 月 26 日至 2015 年 3 月 6 日，审计报告出具时间为 2015 年 3 月 6 日。整个审计项目历经 18 日完成。

## 二、财务报表审计的具体审计计划

南方公司项目组的具体审计计划如下。

### （一）项目组主要成员的职责

项目组主要成员的职位、姓名及其主要职责如表 4-9 所示。

**表 4-9　项目组主要成员的职位、姓名及其主要职责**

| 职　位 | 姓　名 | 主要职责 |
| --- | --- | --- |
| 项目经理 | 王志浩 | 制定总体策略、整体协调、初步确定审计意见 |
| 审计助理人员 | 平均、李委托 | 货币资金的审计 |
| 注册会计师 | 李胜江、张又然 | 主营业务收入、应收账款审计 |
| 注册会计师 | 陈海涛、周杰正 | 存货、应付职工薪酬审计 |
| 注册会计师、审计助理人员 | 洪建军、吴作章 | 采购付款、固定资产审计 |
| 注册会计师 | 张君言 | 筹资与投资审计 |

### （二）具体审计计划的确定

具体审计计划的目的是获取充分、适当的审计证据以将审计风险降至可以接受的低水平。确定审计程序的性质、时间和范围的决策是具体审计计划的核心。南方公司项目组的具体审计计划如表 4-10 所示。

**表 4-10　南方公司项目组的具体审计计划表**

被审计单位：南方公司　　索引号：BE-11

项目：具体审计计划　　财务报表截止日期：

编制：王志浩　　复核：王志浩

日期：2015-2-15　　日期：2015-2-16

| 序号 | 内　容 | 是否执行 | 执　行　人 | 执行时间 |
| --- | --- | --- | --- | --- |
| 一 | 初步审计活动 | | | |
| 1 | 了解被审计单位的基本情况 | 是 | 王志浩及项目组成员 | |
| 2 | 签订审计业务约定书 | 是 | 主任会计师（合伙人）周宽 | 2014-12 |
| 二 | 计划及风险评估 | | | |
| 1 | 了解被审计单位及其环境 | 是 | 王志浩及项目组成员 | 2014-12-15—12.31 |
| 2 | 了解内部控制 | 是 | 王志浩及项目组成员 | 2014-12-15—12.31 |
| 3 | 分析程序 | 是 | 王志浩及项目组成员 | 2014-12-15—12.31 |
| 三 | 计划的进一步审计程序 | | | |
| 1 | 控制测试 | | | |
| 2 | 实质性程序 | | | |
| 3 | 其中：货币资金审计 | 是 | 平均、李委托 | 2015-2-16—2-25 |

续表

| 序号 | 内　容 | 是否执行 | 执　行　人 | 执行时间 |
|---|---|---|---|---|
| 4 | 应收账款审计 | 是 | 李胜江、张又然 | 2015-2-16—2-25 |
| 5 | 营业收入审计 | 是 | 李胜江、张又然 | 2015-2-16—2-25 |
| 6 | 应付账款审计 | 是 | 洪建军、吴作章 | 2015-2-16—2-25 |
| 7 | 固定资产审计 | 是 | 洪建军、吴作章 | 2015-2-16—2-25 |
| 8 | 存货、工薪审计 | 是 | 陈海涛、周杰正 | 2015-2-16—2-25 |
| 9 | 筹资、投资审计 | 是 | 张君言 | 2015-2-16—2-25 |
| 四 | 与治理层、管理层沟通 | 是 | 王志浩 | 2015-2-25 |
| 五 | 业务完成阶段的工作 | | | |
| | 其中：整理工作底稿 | 是 | 底稿的撰写人 | 2015-2-26—3-4 |
| | 撰写审计报告 | 是 | 王志浩 | 2015-2-26—3-4 |
| | 审计底稿三级复核 | 是 | 王志浩、周宽 | 2015-2-27—3-4 |
| | 签发审计报告 | 是 | 签发审计报告人 | 2015-3-6 |

# 项目五

# 获取审计证据与编制审计工作底稿

## 任务一　获取审计证据

### 一、审计证据的含义

审计证据是指审计人员得出审计结论、形成审计意见时使用的所有信息，包括构成财务报表基础的会计记录中含有的信息和其他信息。合理的审计证据是形成审计结论和意见的基础，审计人员必须在每项审计工作中获取充分、适当的审计证据，以满足发表审计意见的要求。

（一）会计记录中含有的信息

依据会计记录编制财务报表是被审计单位管理层的责任，注册会计师应当测试会计记录以获取审计证据。会计记录主要包括原始凭证、记账凭证、总分类账、明细分类账、未在记账凭证中反映的对财务报表的其他调整，以及支持成本分配、计算、调节和披露的手工计算表和电子数据表。

（二）其他信息

当会计记录中含有的信息本身不足以提供充分的审计证据作为财务报表发表审计意见的基础时，注册会计师还应当获取用作审计证据的其他信息，如被审计单位会议记录、内部控制手册、询证函的回函、分析师的报告、与竞争者的比较数据等；通过询问、观察和检查等审计程序获得的信息，如通过检查存货获取存货存在性的证据等；自身编制或获取的可以通过合理推断得出结论的信息，如注册会计师编制的各种计算表、分析表等。

财务报表依据的会计记录中包含的信息和其他信息共同构成了审计证据，两者缺一不可。如果没有前者，审计工作将无法进行；如果没有后者，可能无法识别重大错报风险。只有将两者结合在一起，才能将审计风险降至可接受的水平，为注册会计师发表审计意见提供合理基础。

## 二、审计证据的分类

审计证据按外在形式可以分成实物证据、书面证据、口头证据和环境证据四类。

(一)实物证据

实物证据是审计人员通过实际观察或盘点取得的,用于确定某些实物资产是否确实存在的审计证据。例如,审计人员通过对库存现金、有价证券的监盘,对存货、固定资产的盘点及现场观察等获得的各类盘点表。值得注意的是,实物证据是一种较为可靠的审计证据,但是一般只能证明实物资产的存在性,不能完全证明其质量及所有权等。

(二)书面证据

书面证据是审计人员获取的各种以书面记录为形式的证据。书面证据是审计证据的主要组成部分,是审计人员获取的基本证据,既有外部的,也有内部的。例如,被审计单位的各种凭证、账簿、报表等会计资料,各种会议记录和文件,各种合同及信函等。书面证据是数量最多的审计证据,其可靠性主要取决于两个因素,即审计证据本身是否被涂改或伪造,以及书面证据的来源。书面证据按其来源分为外部证据、内部证据和亲历证据。

**1. 外部证据**

外部证据是由被审计单位以外的单位或人士所提供的证据,其证明力较强。外部证据具体可分为以下两种情形。一是由被审计单位以外的单位或人士出具的,并由注册会计师直接获得的审计证据,如应收账款函证的回函;二是由被审计单位以外的单位或人士出具的,但为被审计单位所持有并提交给注册会计师的审计证据,如银行对账单等。

**2. 内部证据**

内部证据是在被审计单位内部形成的审计证据。内部证据可分为以下两种情形。一是由被审计单位产生,但获得外部确认或认可的证据,如销售发票、付款支票等;二是仅在被审计单位内部流转的证据,如出库单和入库单等。

**3. 亲历证据**

亲历证据是注册会计师通过观察或亲自在被审计单位执行某些活动而取得的证据,如监盘存货形成的监盘各种计算分析表等。

(三)口头证据

口头证据是与审计事项有关的人员对审计人员的询问给出答复所形成的审计证据。口头证据本身不足以证明事情的真相,但往往能够帮助审计人员发掘出一些重要的线索。例如,审计人员询问财务负责人对收回逾期账款可能性的意见,询问结果如果与调查情况出入较大,则应进行进一步的详细检查。

(四)环境证据

环境证据是对被审计单位产生影响的各种环境事实。环境证据主要包括行业和宏观经济的运行情况,被审计单位的内部控制情况,被审计单位管理人员的素质,被审计单位的管理条件和管理水平等。环境证据不属于基本证据,但它有助于审计人员了解被审计单位及其环境。被审计单位的环境对财务报表的可靠程度会产生很大影响。

上述各类审计证据可以用来实现种种不同的审计目标,但是对于每一个具体及与其相关的认定来说,注册会计师应选择能以最低成本实现全部审计目标的证据,力求做到审计证据收集既有效又经济。

## 三、审计证据的性质

注册会计师应当保持职业怀疑态度，运用职业判断，评价审计证据的充分性和适当性。

### (一)审计证据的充分性

审计证据的充分性是对审计证据数量的衡量，主要与注册会计师确定的样本量有关。例如，对某个审计项目实施某一特定的审计程序，注册会计师从200个样本中获得的证据要比从100个样本中获得的证据更充分。

注册会计师要获取的审计证据的数量还可能受其对重大错报风险的评估和审计证据的质量的影响。评估的重大错报风险越高，需要的审计证据可能越多；审计证据的质量越高，需要的审计证据可能越少。例如，注册会计师对某计算机公司进行审计，经过分析认为，受被审计单位行业性质的影响，存货陈旧的可能性相当高，因而存货计价的错报风险可能性就比较大。因此，注册会计师在审计中，就要选取更多的存货样本进行测试，以确定存货陈旧的程度，从而确认存货的价值是否被高估。

### (二)审计证据的适当性

审计证据的适当性是对审计证据质量的衡量，即审计证据在支持审计意见所依据的结论方面具有的相关性和可靠性。相关性和可靠性是审计证据适当性的核心内容，因为只有相关且可靠的审计证据才是高质量的。

**1. 审计证据的相关性**

审计证据的相关性是指用作审计证据的信息与审计程序的目的和所考虑的相关认定之间的逻辑联系。用作审计证据的信息的相关性可能受测试方向的影响。例如，如果某审计程序的目的是测试应付账款的计价高估，则测试已记录的应付账款可能是相关的审计程序。相反，如果某审计程序的目的是测试应付账款的计价低估，则测试已记录的应付账款就不是相关的审计程序，相关的审计程序可能是测试期后支出、未支付发票，供应商结算单及发票未到的收货报告单等。

**2. 审计证据的可靠性**

审计证据的可靠性是指审计证据的可信赖程度。例如，注册会计师亲自检查存货所获得的证据就比被审计单位管理层提供给注册会计师的存货数据更可靠。审计证据的可靠性受其来源和性质的影响，并取决于获取审计证据的具体环境。注册会计师在判断审计证据的可靠性时，通常会考虑以下几项原则。

(1)从外部独立来源获取的审计证据比从其他来源获取的审计证据更可靠。从外部独立来源获取的审计证据未经被审计单位有关职员之手，从而减少了伪造、更改凭证或业务记录的可能性，因而其证明力最强。此类证据有银行询证函回函、应收账款询证函回函、保险公司等机构出具的证明等。相反，从其他来源获取的审计证据，由于证据提供者与被审计单位存在经济或行政关系等原因，其可靠性应受到质疑。此类证据有被审计单位内部的会计记录、会议记录等。

(2)内部控制有效时内部生成的审计证据比内部控制薄弱时内部生成的审计证据更可靠。如果被审计单位有健全的内部控制且在日常管理中得到一贯的执行，会计记录的可信度将会增加。如果被审计单位的内部控制薄弱，甚至不存在任何内部控制，被审计单位内部凭证记录的可靠性就大为降低。例如，如果与销售业务相关的内部控制有效，注册会计师就能从销售发票单中取得比内部控制不健全时更加可靠的审计证据。

(3)直接获取的审计证据比间接获取或推论得出的审计证据更可靠。例如，注册会计师观察某项内部控制的运行得到的证据比询问被审计单位某项内部控制的运行得到的证据更可靠。间接获取的证据有被涂改及伪造的可能性，从而降低了其可信度。推论得出的审计证据的主观性较强，人为因素较多，其可信度也受到影响。

(4)以文件、记录形式(无论是纸质、电子或其他介质)存在的审计证据比口头形式的审计证据更可靠。例如，会议的同步书面记录比对讨论事项事后的口头表述更可靠。口头证据本身并不足以证明事实的真相，仅仅提供了一些重要线索，为进一步调查确认所用。例如，注册会计师在对应收账款进行账龄分析后，可以向应收账款负责人询问逾期应收账款收回的可能性。如果该负责人的意见与注册会计师自行估计的坏账损失基本一致，则这一口头证据可成为证实会计师对有关坏账损失判断的重要证据。但一般情况下，口头证据往往需要得到其他相应证据的支持。

(5)从原件获取的审计证据比从传真件或复印件获取的审计证据更可靠。注册会计师可审查原件是否有被涂改或伪造的迹象，排除伪证，从而提高证据的可信度。而传真件或复印件容易是篡改或伪造的结果，其可靠性较低。

注册会计师在按照上述原则评价审计证据的可靠性时，还应当注意可能出现的重要例外情况。例如，审计证据虽然是从独立的外部来源取得的，但如果该证据是由不知情者或不具备资格者提供的，或者外部人员有意对相关证据进行隐瞒，则审计证据也可能是不可靠的。同样，如果注册会计师不具备评价证据的专业能力，那么即使是直接获取的证据，也可能不可靠。

### (三)充分性和适当性的关系

充分性和适当性是审计证据的两个重要特征，两者缺一不可。只有充分且适当的审计证据才是有证明力的。

审计证据的适当性会影响审计证据的充分性。注册会计师需要获取的审计证据数量受审计证据质量的影响，审计证据质量越高，需要的审计证据数量可能越少。

## 四、审计证据的整理和保管

注册会计师在取得审计证据后必须随时对其进行整理，以便分门别类地进行分析与保管。审计证据是随审计程序的进行逐步收集的，它是分散的、个别的。为了使其变成系统的、有说服力的、可以正确评价被审计单位财务状况的审计证据，就必须及时地对收集来的审计证据进行分类整理，使之条理化、系统化，最终形成对审计结论强有力的支持。

### (一)审计证据的整理

审计证据在收集阶段大多数是以各种初始形态表现出来的。例如，监盘记录、询问记录、函证回函、重要会议记录、凭证、账簿的复印件等。注册会计师如果不对这些审计证据进行加工整理，就不可能将其与某些审计结论联系在一起。

注册会计师在整理证据的过程中，除了按照审计计划的要求进行，主要依靠职业判断来确定审计证据是否充分、适当。因此，审计证据的整理过程实际上就是分析、判断的过程，这一过程中经常要用到分类、比较、分析和计算的方法。

（二）审计证据的保管

审计证据的保管应该严格执行有关制度的规定，由专人负责，严格履行手续。注册会计师应遵守职业道德标准，保守被审计单位的秘密，防止审计证据丢失、毁损。

审计证据的保管还应该有助于查阅使用，即不能仅仅将审计证据的保管理解为简单的保存。审计证据的保管是为了审计中及终结后的查阅使用，包括为以后会计期间的后续审计提供方便和可能发生的诉讼提供证据。

# 任务二 编制审计工作底稿

审计工作底稿是指注册会计师对制订的审计计划、实施的审计程序、获取的相关审计证据，以及得出的审计结论做出的记录。审计工作底稿是审计证据的载体，是注册会计师在审计过程中形成的审计工作记录和获取的资料。

## 一、审计工作底稿的分类

审计工作底稿通常按其性质和作用进行分类，一般可分为综合类工作底稿、业务类工作底稿和备查类工作底稿。

**1. 综合类工作底稿**

综合类工作底稿是注册会计师在办公室就可以完成的，是注册会计师在审计计划阶段和审计报告阶段为规划、控制和总结整个审计工作，并为最终发表审计意见所形成的审计工作底稿。

计划阶段的工作底稿主要包括业务约定书、审计计划、企业基本情况调查表和风险评估表等；结束阶段的工作底稿主要包括审计总结、试算平衡表、调整分录汇总表、管理当局声明书、管理建议书、审计报告和已审报表等。

**2. 业务类工作底稿**

业务类工作底稿一般是在外勤工作中完成的，是注册会计师在审计实施阶段执行具体审计程序时所编制和取得的工作底稿。

业务类工作底稿可以清楚地展示注册会计师收集审计证据的轨迹，主要包括各业务循环的控制测试表，各资产、负债、所有者权益项目的细节测试和实质性分析程序表等。

**3. 备查类工作底稿**

备查类工作底稿是注册会计师在审计过程中所形成的，对审计工作仅具有备查作用的工作底稿。备查类工作底稿一般具有长期效力，随被审计单位的变化而不断更新，通常是由被审计单位或第三方提供或代为编制的，主要包括营业执照、管理规章制度、组织机构图、会议纪要、重要经济合同、内部控制调查和评价记录等。

## 二、审计工作底稿的构成要素

审计工作底稿包括下列全部或部分要素。

（一）标题

每张底稿应当包括被审计单位的名称、审计项目的名称、资产负债表日或底稿覆盖的会计期间（如果与交易相关）。

（二）审计过程记录

审计过程记录是证明管理层认定的过程。在记录审计过程时，应当特别注意以下几个重要方面。

**1. 具体项目或事项的识别特征**

识别特征是指被测试的项目或事项表现出的征象或标志，因审计程序的性质和测试的项目或事项不同而不同。例如：在对被审计单位生成的订购单进行细节测试时，注册会计师可以以订购单的日期或其唯一编号作为测试订购单的识别特征；对于需要询问被审计单位中特定人员的审计程序，注册会计师可能会以询问的时间、被询问人的姓名及职位作为识别特征；对于观察程序，注册会计师可以以观察的对象或观察过程、观察人员及其各自的责任、观察的地点和时间作为识别特征。

**2. 重大事项及相关重大职业判断**

当审计过程中涉及重大事项和重大职业判断时，注册会计师需要编制与运用职业判断相关的审计工作底稿。注册会计师应当根据具体情况判断某一事项是否属于重大事项。重大事项通常包括以下几种情况。

(1)引起特别风险的事项。

(2)实施审计程序的结果。该结果表明财务信息可能存在重大错报，或需要修正以前对重大错报风险的评估和针对这些风险拟采取的应对措施。

(3)导致注册会计师难以实施必要审计程序的情形。

(4)导致出具非标准审计报告的事项。

**3. 处理针对重大事项不一致的情况**

注册会计师要记录的不一致事项主要包括注册会计师针对该信息执行的审计程序、项目组成员对某事项的职业判断不同而向专业技术部门的咨询情况，以及项目组成员和被咨询人员不同意见（如项目组与专业技术部门的不同意见）的解决情况。记录这些不一致的情况是非常必要的，它有助于注册会计师关注这些不一致，并对此进行必要的审计程序以恰当地解决这些不一致。

（三）审计结论

注册会计师恰当地记录审计结论非常重要。注册会计师需要根据所实施的审计程序及获取的审计证据得出结论，并以此作为对财务报表发表意见的基础。在记录审计结论时需注意，在审计工作底稿中记录的审计程序和审计证据是否足以支持所得出的结论。

（四）审计标识及其说明

审计工作底稿中可使用各种审计标识，但应说明其含义，并保持前后一致。表 5-1 列举了注册会计师在审计工作中常用的标识及其含义。在实务中，注册会计师也可以依据实际情况运用更多的审计标识。

表 5-1 常用的审计标识及其含义

| 审计标识 | 含义 | 审计标识 | 含义 |
| --- | --- | --- | --- |
| Λ | 纵加核对 | < | 横加核对 |
| B | 与上年结转数核对一致 | T | 与原始凭证核对一致 |
| G | 与总分类账核对一致 | S | 与明细分类账核对一致 |
| C | 已发询证函 | T/B | 与试算平衡表核对一致 |

（五）索引号及编号

审计工作底稿通常需要注明索引号及编号，相关审计工作底稿之间需要保持清晰的钩稽关系。为了汇总及便于交叉索引和复核，每个会计师事务所都会制定特定的审计工作底稿归档流程。因此，每张表或每项记录都应有一个索引号，如 A1、D6 等，以说明其在审计工作底稿中的放置位置。在实务中，注册会计师可以按照所记录的审计工作的内容层次进行编号。例如，固定资产汇总表的编号为 C1，按类别列示的固定资产明细表的编号为 C1-1，房屋建筑物的编号为 C1-1-1，机器设备的编号为 C1-1-2 等。相互引用时，需要在审计工作底稿中交叉注明索引号。

（六）编制者姓名、复核者姓名及执行日期

为了明确责任，在完成与特定工作底稿相关的任务之后，通常需要在每一张审计工作底稿上注明执行审计工作的人员和复核人员的姓名、完成该项审计工作的日期及完成复核的日期。在需要复核该项目质量控制的情况下，还需要注明项目质量控制复核者姓名及复核的日期。

## 三、审计工作底稿的复核

为了确保项目组执行审计业务的质量，减少人为的判断失误，使审计结论更加客观公正，降低审计风险，必须对审计工作底稿进行复核。复核人员在复核工作底稿时应做出必要的复核记录，书面表示复核意见并签名。审计工作底稿的复核采取三级复核制度，即由项目负责人、部门负责人和审计机构负责人或专门的复核机构或复核人员对审计工作底稿进行逐一复核的一种复核制度。实际上，审计工作底稿的复核是执业经验丰富的人员对执业经验较少的人员进行审计工作的监督和指导。

（一）参加项目的项目组成员复核

参加项目的项目组成员复核可以分为项目经理的复核和项目负责人的复核两级。

**1. 项目经理的复核（详细复核）**

项目经理是指具体负责执行某项审计业务并在审计报告上签字的注册会计师。项目经理复核的范围是全部工作底稿，是审计工作底稿的第一级复核。一般来说，项目经理对其他人员的底稿进行复核，项目经理的工作底稿则由组内富有经验的人员复核。

**2. 项目负责人的复核（一般复核）**

项目负责人是指会计师事务所中负责某项审计业务，并代表会计师事务所在审计报告上签字的主任会计师或合伙人。项目负责人复核的范围是审计过程中的重大事项，是审计工作底稿的第二级复核。

（二）项目质量控制复核

项目质量控制复核是指对重大的审计项目（如对上市公司的财务报表进行审计），由会计师事务所委派未参加该业务的有经验的主任会计师或合伙人实施项目质量控制复核。其主要工作是在出具审计报告前，对项目组做出的重大判断和对准备审计报告时得出的审计结论进行复核。

## 四、审计工作底稿的管理

自审计报告日起或自终止业务日起，审计工作底稿至少应保存10年。前期形成的永久性档案作为后期审计资料使用的，应视为最后一期取得，按照最后使用的年度算起至少保存10年。

### (一)审计工作底稿的所有权

审计工作底稿的所有权属于会计师事务所。未经会计师事务所批准，不得随意借阅、取出或处理。

### (二)审计工作底稿的归档

审计工作底稿的归档期间为审计报告日后60天内。审计工作底稿经过整理归档就形成了审计档案。审计工作底稿主要有永久性档案和当期档案两种。

**1. 永久性档案**

永久性档案是指记录的内容相对稳定，具有长期的使用价值，并对以后审计工作具有重要影响和直接作用的审计档案。例如，被审计单位的组织结构、批准证书、营业执照、重要资产的所有权和使用权的证明文件的复印件等。

**2. 当期档案**

当期档案是指记录内容经常变化，主要供当期和下期审计使用的审计档案，如审计计划阶段、实施阶段、结束阶段的工作底稿。

### (三)保密与查阅

会计师事务所及其人员应对工作底稿的信息予以保密，但法院、中国注册会计师协会、前后任审计人员可查阅。

# 项目六

# 货币资金审计

## 任务一　货币资金内部控制

### 一、货币资金与各业务循环的关系

货币资金作为一种流通手段，是企业资产中最活跃的部分。为了更好地进行货币资金审计，审计人员有必要了解货币资金的循环过程。图 6-1 列示了货币资金同销售与收款循环、生产与存货循环、采购与付款循环、筹资与投资循环的关系。

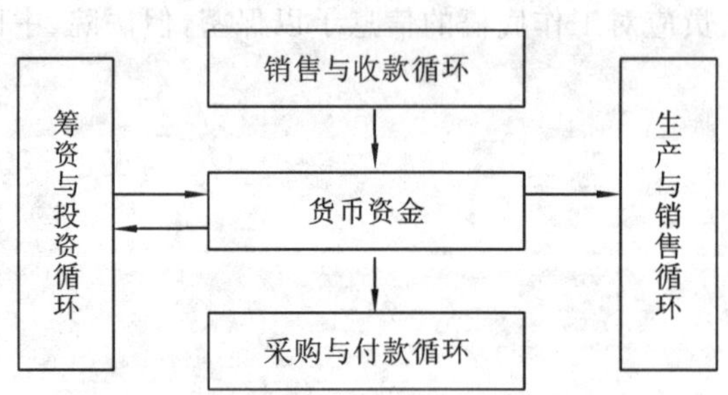


**图 6-1　货币资金与各业务循环的关系**

从货币资金与四个循环的关系可以看出，销售与收款循环中现销与赊销将来取得的货款是货币资金增加的主要来源；采购与付款循环中预付账款和应付账款的支付会使货币资金减少，生产与存货循环中购入存货或支付职工工资也会使货币资金减少；筹资与投资循环中借款或发行股票、出售股票、取得股利等使货币资金增加，但购买股票、归还借款和支付利息等又使货币资金减少。由此可见，货币资金犹如人体的血液，贯穿于企业经济活动的全过程，在流动的周转中实现增值效应。

## 二、了解货币资金内部控制的程序

尽管由于每一个企业的性质、所处行业、规模及内部控制健全程度的不同,而使得与货币资金相关的内部控制内容有所不同,但以下要求是企业货币资金管理中,通常应当共同遵循的。

**1. 职责分离**

货币资金支付的审批与执行要相互分离。货币资金的保管、记录与盘点清查要相互分离。货币资金的会计记录与审计监督相互分离。出纳员应担负现金收付、银行结算、货币资金的日记账核算及各种有价证券的保管职责,不得兼任稽核、会计档案保管,以及收入、支出、费用、债权债务账目的登记。

**2. 授权审批控制**

明确审批人对货币资金业务的授权批准方式、权限、程序、责任和相关控制措施,规定经办人办理货币资金业务的职责范围和工作要求。审批人应根据货币资金授权批准制度的规定,在授权范围内进行审批,不得超越审批权限。经办人应当在职责范围内,按照审批人的批准意见办理货币资金业务。对于审批人员超越权限范围审批的货币资金业务,经办人员有权拒绝办理,并及时向审批人的上级授权部门报告。

**3. 货币资金付款程序**

一是支付申请。单位有关部门或个人在用款时,应当提前向审批人提交货币资金支付申请,注明款项的用途、金额、预算、支付方式等内容,并附有效经济合同或相关证明。二是支付审批。审批人根据其职责权限和相应程序对支付申请进行审批,对不符合规定的货币资金支付申请,审批人应当拒绝批准。三是支付复核。复核人应当对批准后的货币资金支付申请进行复核,复核货币资金支付申请的批准范围、权限、程序是否正确,手续及相关单证是否齐备,金额计算是否准确,支付方式、支付单位是否妥当等。复核无误后,交由出纳人员办理支付手续。四是办理支付。出纳人员应当根据复核无误的支付申请,按规定办理货币资金支付手续,及时登记库存现金日记账和银行存款日记账。五是单位对于重要货币资金支付业务,应当实行集体决策和审批,并建立责任追究制度,防范贪污、侵占、挪用货币资金等行为。六是严禁未经授权的机构和人员办理货币资金业务或直接接触货币资金。

**4. 现金和银行存款的管理**

单位应当加强现金库存限额的管理,超过库存限额的现金应及时存入银行。必须根据《现金管理暂行条例》的规定,结合本单位的实际情况,确定本单位现金的开支范围。不属于现金开支范围的业务应当通过银行办理转账结算。现金收入应当及时存入银行,不得用于直接支付单位自身的支出。因特殊情况需要坐支现金的,应当事先报经开户银行审查批准。单位借出款项必须执行严格的授权批准程序,严禁擅自挪用、借出货币资金。取得的货币资金收入必须及时入账,不得私设小金库,不得账外设账,严禁收款不入账。应当严格按照《支付结算办法》等国家有关规定,加强银行账户的管理,严格按照规定开立账户,办理存款、取款和结算。应当严格遵守银行结算规定,不准签发没有资金保证的票据和远期支票,套取银行信用;不准签发、取得和转让没有真实交易和债权债务的票据,套取银行和他人的资金;不准无理拒绝付款,任意占用他人资金;不准违反规定开立和使用银行账户。应当指定专人定期核对银行账户,每月至少核对一次,编制银行存款余额调节表,使银行存款账户余额与银行对账单上的余额调节相符。如调节不符,应查明原因,及时处理。应当定期和不定期进行现金盘点,确保现金账面余额与实际库存相符，如发现不符，应及时查明原因，做出处理。

**5. 票据及有关印章的管理**

单位应当加强与货币资金相关的票据的管理。明确各种票据的购买、保管、领用、背书转让、注销等环节的职责权限和程序，并专设登记簿进行记录，防止空白票据的遗失和被盗用；单位应当加强银行预留印鉴的管理。财务专用章应由专人保管，个人印章必须由本人和其授权人员保管，严禁一人保管支付款项所需的全部印章。按规定需要有关负责人签字或盖章的经济业务，必须严格履行签字或盖章手续。

**6. 监督检查**

单位应当建立对货币资金业务的监督检查制度，明确监督检查机构和人员的职责权限，定期和不定期地进行检查。货币资金监督检查的内容主要包括货币资金业务相关岗位及人员的设置情况，重点检查是否存在货币资金业务不相容职务混岗的现象；货币资金授权批准制度的执行情况，重点检查货币资金支出的授权批准手续是否健全，是否存在越权审批行为；支付款项印章的保管情况，重点检查是否存在办理付款业务所需的全部印章交由一人保管的现象；票据的保管情况，重点检查票据的购买、领用、保管手续是否健全，票据保管是否存在漏洞。对监督检查过程中发现的货币资金内部控制中的薄弱环节，应及时采取措施纠正和完善。

## 三、确定可能发生错报的环节

注册会计师需要确认和了解货币资金的错报在什么环节发生，确定被审计单位应在哪些环节设置控制，以防止和发现并纠正可能发生的错误。货币资金的可能错报环节如表 6-1 所示。

**表 6-1　货币资金的可能错报环节**

| 可能的错报 | 关键控制点 |
| --- | --- |
| 现金收入不入账，设置账外资金 | 观察、检查和询问是否有小金库 |
| 存入的款项来源不合法，如出租账户 | 抽取并检查收款凭证 |
| 挪用、贪污（截留或开假发票） | 检查发票或收据的真实性和是否连续编号 |
| 以现金支付回扣或好处费 | 抽取并检查付款凭证，检查是否授权审批 |
| 坐支现金、库存现金超限、账实不符 | 观察出纳工作，并检查相关凭证 |
| 非法挪用资金，白条抵库，长、短款 | 检查相关凭证是否真实并经过授权 |

## 四、穿行测试

注册会计师应当选择一笔或几笔收款与付款交易进行穿行测试，以证实对交易流程和相关控制的了解是否准确和完整。例如，针对货币资金支付业务，注册会计师应当追踪从支付申请、审批、复核到办理支付，生成记账凭证，过账至库存现金、银行存款日记账和总账的整个交易流程，并确定相关控制是否得到执行。

## 五、初步评价和风险评估

注册会计师通过了解货币资金的内部控制，对相关控制的设计和是否得到执行进行评价，同时结合对被审计单位其他方面的了解，评估重大错报风险，以确定进一步程序的性质、时间和范围。如果了解到相关内部控制不存在或不值得信赖，注册会计师可考虑执行实质性程序，而不进行控制测试。

# 任务二　货币资金的审计

## 一、货币资金审计的任务准备

下面以审计正大公司 2014 年度财务报表为例，介绍货币资金的审计。

2015 年 2 月 15 日，会计师事务所的审计人员依据《审计准则》和正大公司 2014 年度财务报表审计的具体实施方案，负责货币资金的审计。会计师事务所的审计人员对货币资金实施了询问、审计、核对、函证、重新计算等程序，编制了审计工作底稿“货币资金工作表目录”，如表 6-2 所示。

**表 6-2　会计师事务所货币资金工作表目录**

| 编　号 | 项 目 名 称 | 工作底稿名称 | 索　引　号 |
|---|---|---|---|
| 1 | 货币资金 | 程序表 | ZA41-0 |
| 2 | 货币资金 | 货币资金明细表 | ZA41-1 |
| 3 | 货币资金 | 库存现金监盘表 | ZA41-2 |
| 4 | 货币资金 | 银行存款审核表 | ZA41-3 |
| 5 | 货币资金 | 银行存款余额调节表的检查 | ZA41-4 |
| 6 | 货币资金 | 银行存款函证结果汇总表 | ZA41-5 |
| 7 | 货币资金 | 货币资金收支检查情况表 | ZA41-6 |
| 8 | 货币资金 | 货币资金审定表 | ZA41-7 |

库存现金是企业资产中流动性最强的一种资产，尽管其在企业资产总额中比重不大，但企业发生舞弊事件大都与现金有关，因此注册会计师应该重视库存现金的审计。

银行存款是指企业存放在银行和其他金融机构的各种款项。按照国家有关规定，凡是独立核算的企业，都必须在当地银行开设账户，企业在银行开设账户以后，除按规定的限额保留库存现金外，超过限额的现金必须存入银行；除了在规定的范围内可以用现金直接支付的款项外，在经营过程中所发生的一切货币收支业务，都必须通过银行存款账户进行结算。

为了便于对货币资金审计工作过程和内容的理解，掌握审计实务操作，应根据审计实务的要求，将货币资金实质性程序与审计目标的关系进行列示，如表 6-3 所示。

**表 6-3 货币资金实质性程序表**

| 被审计单位:正大公司 | 索引号:H001 |
|---|---|
| 项目:货币资金实质性程序 | 财务报表截止日/期间:2014 年度 |
| 编制:张丰立 | 复核:肖花 |
| 日期:2015.3.10 | 日期:2015.3.11 |

| 审计目标 | 财务报表的认定 | | | | |
|---|---|---|---|---|---|
| | 存在 | 完整性 | 权利和义务 | 计价和分摊 | 披露 |
| A.资产负债表中记录的货币资金是存在的 | √ | | | | |
| B.所有应当记录的货币资金均已记录 | | √ | | | |
| C.记录的货币资金由被审计单位所拥有或控制 | | | √ | | |
| D.货币资金以恰当金额包括在财务报表中,与之相关的计价调整已恰当记录 | | | | √ | |
| E.货币资金已按照《企业会计准则》的规定在财务报表中做出恰当列报 | | | | | √ |

可选择的实质性程序

| 审计目标 | 可供选择的审计程序 | 是否执行 | 未执行原因 | 索引号 | 存在 | 完整性 | 权利和义务 | 计价和分摊 | 披露 |
|---|---|---|---|---|---|---|---|---|---|
| | 一、库存现金 | | | | | | | | |
| D | 核对库存现金日记账与总账的金额是否相符,检查非记账本位币库存现金的折算汇率及折算金额是否正确 | 是 | | ZA41-1 | | | | √ | |
| ABCD | 监盘库存现金 | 是 | | ZA41-2 | | | | √ | |
| ABD | 抽查大额库存现金收支,检查原始凭证是否齐全、记账凭证与原始凭证是否相符、账务处理是否正确等项内容 | 是 | | ZA41-6 | √ | √ | √ | √ | |
| | 根据评估的舞弊风险等因素增加的其他审计程序 | | | | | | | | |
| | 二、银行存款 | | | | | | | | |
| D | 获取或编制银行存款余额明细表,复核加计是否正确并与总账的余额是否相符,检查非记账本位币银行存款的折算汇率及折算金额是否正确 | 是 | | ZA41-3 | | | | √ | |

续表

| 审计目标 | 可供选择的审计程序 | 是否执行 | 未执行原因 | 索引号 | 存在 | 完整性 | 权利和义务 | 计价和分摊 | 披露 |
|---|---|---|---|---|---|---|---|---|---|
| ABD | 取得并检查银行存款余额调节表 | 是 | | ZA41-4 | √ | √ | | √ | |
| AC | 函证银行存款余额，编制银行函证结果汇总表，检查银行回函：1.向被审计单位在本期存过款的银行发函，包括零账户和账户已经结清的银行；2.确定被审计单位账面余额与银行函证结果的差异，对不符事项做适当调整 | 是 | | ZA41-5 | √ | | √ | | |
| C | 检查银行存款账户存款人是否为被审计单位，若存款人非被审计单位，应获取该账户户主和被审计单位的书面证明，确认资产负债表日是否需要调整 | 是 | | ZA41-5 | | | √ | | |
| ABD | 抽查大额银行存款收支的原始凭证，检查原始凭证是否齐全、记账凭证与原始凭证是否相符、账务处理是否正确、是否记录于恰当的会计期间等项内容 | 是 | | ZA41-6 | √ | √ | | √ | |
| ABD | 检查银行存款收支的截止日是否正确，选取资产负债表日前后____张、____金额以上的凭证实施截止测试，关注业务内容及对应项目。如有跨期收支事项，应考虑是否进行调整 | 是 | | ZA41-6 | √ | √ | | √ | |
| | 其他程序（略） | | | | | | | | |

## 二、货币资金的审计程序

审计人员对正大公司货币资金进行实质性测试，按照货币资金审计程序表，结合被审计单位实际业务，分别完成以下审计程序。

（一）账表核对

审计人员核对企业货币资金报表数与总账余额、货币资金总账余额、现金日记账余额、银行存款日记账余额是否相符，检查非记账本位币货币资金的折算汇率及折算额是否正确。审计人员测试货币资金余额的起点是核对现金日记账与总账的余额是否相符，核对银行存款日记账与总账是否相符等。如果不相符，应当查明原因，并做出适当调整。

## 师生教学做

正大公司2014年12月31日的资产负债表显示货币资金期末数为1 693 029.80元，审计人员审阅了正大公司的科目余额表，获取货币资金构成表，如表6-4所示。从正大公司货币资金构成表可以看出，现金期末余额42 335.80元，银行存款期末余额为1 650 694元，有四个明细户头。

**表6-4　货币资金构成表**

单位名称：正大公司　　　　单位：元

| 编号 | 科目名称 | 借或贷 | 期初余额 | 借方 | 贷方 | 期末余额 |
|---|---|---|---|---|---|---|
| 1001 | 库存现金 | 借 | 50 000 | 10 743 | 18 407.20 | 42 335.80 |
| 100101 | 人民币 | 借 | 50 000 | 10 743 | 18 407.20 | 42 335.80 |
| 100102 | 美元 | 借 | 0 | 0 | 0 | 0 |
| 1002 | 银行存款 | 借 | 1 641 500 | 3 396 319 | 3 387 125 | 1 650 694 |
| 100201 | 工行(人民币) | 借 | 1 541 500 | 1 582 000 | 1 580 000 | 1 543 500 |
| 100202 | 工行(美元) | 借 | 50 000 | 550 000 | 550 000 | 50 000 |
| 100203 | 建行(人民币) | 借 | 50 000 | 650 000 | 650 000 | 50 000 |
| 100204 | 中行(纳税户) | 借 | 0 | 596 319 | 589 125 | 7 194 |
| …… | …… | …… | …… | …… | …… | …… |

依据表6-4资料填制工作底稿——货币资金明细表，如表6-5所示。

**表6-5　货币资金明细表**

<table>
<tr><td colspan="13">被审计单位：正大公司　　　　索引号：ZA41-1<br>项目：货币资金明细　　　　财务报表截止日/期间：<br>编制：　　　　复核：<br>日期：　　　　日期：</td></tr>
<tr><td>项目名称</td><td colspan="2">货币资金</td><td>币种</td><td>期初余额</td><td>本期增加</td><td>本期减少</td><td>期末余额</td><td>调整数</td><td>审定数</td><td colspan="3">备注</td></tr>
<tr><td>现金</td><td colspan="2"></td><td></td><td></td><td></td><td></td><td></td><td></td><td></td><td colspan="3"></td></tr>
<tr><td colspan="4">小计</td><td></td><td></td><td></td><td></td><td></td><td></td><td colspan="3"></td></tr>
<tr><td rowspan="6">银行存款</td><td colspan="2">基本情况</td><td rowspan="2">币种</td><td rowspan="2">期初余额</td><td rowspan="2">本期增加</td><td rowspan="2">本期减少</td><td rowspan="2">期末余额</td><td rowspan="2">调整数</td><td rowspan="2">审定数</td><td colspan="3">附证资料</td></tr>
<tr><td>开户行</td><td>账号</td><td>询证函</td><td>调节表</td><td>对账单</td></tr>
<tr><td></td><td></td><td></td><td></td><td></td><td></td><td></td><td></td><td></td><td>有</td><td>有</td><td>有</td></tr>
<tr><td></td><td></td><td></td><td></td><td></td><td></td><td></td><td></td><td></td><td>有</td><td>无</td><td>有</td></tr>
<tr><td></td><td></td><td></td><td></td><td></td><td></td><td></td><td></td><td></td><td>有</td><td>无</td><td>有</td></tr>
<tr><td></td><td></td><td></td><td></td><td></td><td></td><td></td><td></td><td></td><td>有</td><td>无</td><td>有</td></tr>
<tr><td colspan="4">小计</td><td></td><td></td><td></td><td></td><td></td><td></td><td></td><td></td><td></td></tr>
<tr><td colspan="4">合计</td><td></td><td></td><td></td><td></td><td></td><td></td><td></td><td></td><td></td></tr>
</table>

编制说明：若账面余额与银行对账单不一致，应另行检查银行存款余额调节表；其他货币资金审计时均可使用此表。

审计说明：已与总账、日记账核对相符，未见异常。

（二）监盘库存现金

监盘库存现金是证实资产负债表中所列现金是否存在的一项重要程序，也是财务报表审计中必须要执行的程序之一。企业盘点库存现金通常包括对已收到但未存入银行的现金、零用钱、找换金等的盘点。盘点库存现金的时间和人员应视被审计单位的具体情况而定，但必须有现金出纳员和被审计单位会计主管参加，并由审计人员进行监盘。盘点和监盘库存现金的步骤和方法如下。

（1）制订监盘计划，确定监盘时间。制订监盘计划的内容包括：证实资产负债表中所列库存现金是否存在；参加监盘人员包括出纳员、会计主管和注册会计师；监盘时间最好选择在上午上班前或者下午下班时进行；监盘范围一般包括企业各部门经管的库存现金；应当采用突击式监盘方式。

（2）审阅现金日记账并同时与现金收付凭证相核对：一方面检查库存现金日记账的记录与凭证的内容和金额是否相符；另一方面了解凭证的日期与现金日记账的日期是否相符或接近。

（3）由出纳员根据库存现金日记账加计累计数额，结出现金结余。

（4）盘点保险柜的现金实存数，同时由注册会计师编制“库存现金监盘表”（见表 6-6）分币种、面值列示盘点金额。

（5）在资产负债表日前后进行盘点时，应追溯调整至资产负债表日的金额。

（6）将盘点金额与库存现金日记账余额进行核对，如有差异，应查明原因，并做出记录和适当调整。

（7）若有充抵库存现金的借条、未提现支票、未作报销的原始凭证，应在库存现金监盘表中注明或做出必要的调整。

（三）库存现金审计实训

## 师生教学做

【实训材料】

审计人员于 2015 年 2 月 15 日下午 5:00 点进驻正大公司进行库存现金监盘，银行核定库存现金限额为 30 000 元。2015 年 1 月 1 日至盘点日 2 月 15 日止累计现金收入 153 200 元，累计现金支出 153 380 元。经审核无误。该单位现金只有人民币，除库存现金盘点中发现的问题外，其他经审计无误。

经查证正大公司所有现金均存放在财务部。财务部出纳员、会计主管在场。出纳员结出库存现金日记账余额为 45 998 元，清点结果如下。

（1）现金实有数：100 元币 255 张；50 元币 200 张；20 元币 302 张；10 元币 60 张；5 元币 10 张；2 元币 4 张。

（2）在清点中保险柜内发现下列凭证，已经收付款，但尚未制证入账。

①零星收入 2 300 元尚未入账。

②职工张水河 1 月 15 日借差旅费 2 000 元，已经领导批准。

③职工舒先容借条一张，日期为 2 月 6 日，金额 1 500 元，未经批准，也没有说明用途。

【实训要求】

（1）填写库存现金监盘表（见表 6-6）。

(2)指出正大公司现金管理中存在的问题及提出改进意见。

____________________________________________

____________________________________________

____________________________________________

____________________________________________

____________________________________________

**表 6-6　库存现金监盘表**

| 被审计单位:正大公司 | 索引号:H003 |
|---|---|
| 项目:货币资金明细 | 财务报表截止日/期间: |
| 编制: | 复核: |
| 日期: | 日期: |

| 检查盘点记录 | | | 实有库存现金盘点记录 | | |
|---|---|---|---|---|---|
| | | | 人民币 | | |
| 项　目 | 项次 | 人民币 | 面额 | 张 | 金额 |
| 上一日账面库存余额 | 1 | | 100 元 | | |
| 盘点日未记账传票收入金额 | 2 | | 50 元 | | |
| 盘点日未记账传票支出金额 | 3 | | 20 元 | | |
| 盘点日账面应有余额 | 4=1+2-3 | | 10 元 | | |
| 盘点日库存现金数额 | 5 | | 5 元 | | |
| 盘点日应有与实有差异 | 6=4-5 | | 2 元 | | |
| 差异原因分析：白条抵库(张) | | | 1 元 | | |
| 差异原因分析：短款 | | | 合计 | | |
| 追溯调整：报表日至审计日库存现金付出总额 | | | | | |
| 追溯调整：报表日至审计日库存现金收入总额 | | | | | |
| 追溯调整：报表日库存现金应有余额 | | | | | |
| 本位币合计 | | | | | |
| 出纳员：　会计主管：　监盘人：　检查日期： | | | | | |
| 审计说明： | | | | | |

## (四)取得并检查银行存款余额对账单和编制银行存款余额调节表

审计人员应当取得并检查银行存款余额对账单和银行存款余额调节表,是证实资产负债表中所列银行存款是否存在的重要程序。银行存款余额调节表通常应由被审计单位根据不同的银行账户及货币种类分别编制。具体测试程序如下。

(1)将被审计单位资产负债表日的银行存款余额对账单与银行询证函回函核对,确认是否一致,抽样核对账面记录的已付票据金额及存款金额是否与银行存款余额对账单的记录一致。

(2)获取资产负债表日的银行存款余额调节表,检查调节表中加计数是否正确,调节后银行存款日记账余额与银行存款余额对账单的余额是否一致;检查是否存在其他跨期收支事项。

(3)如果被审计单位未经授权和授权不清支付货币资金的现象比较突出,就要检查银行存款余额调节表中支付异常的领款(包括没有载明收款人)、签字不全、收款地址不清、金额较大票据的调整事项,确认是否存在舞弊。

## 师生教学做

正大公司的银行存款账户分中国工商银行(人民币户)、中国工商银行(美元户)、中国建设银行、中国银行(纳税户)四个明细核算账户。审计人员依次查阅了银行存款日记账及对应的银行对账单,同时编制银行存款审核表。

另外,审计人员将正大公司四个开户银行的对账单复印,请正大公司盖章后作为工作底稿附在银行存款审核表后,补充说明数据的来源;同时,对正大公司编制的银行存款余额调节表进行了审核,追查了未达账项的性质和内容。

填写表 6-7 所示的银行存款审核表中的审计说明。

**表 6-7 银行存款审核表**

被审计单位:正大公司　　索引号:ZA41-3
项目:银行存款审核　　财务报表截止日/期间:2014.12.31
编制:张丰立　　复核:肖花
日期:2015.3.10　　日期:2015.3.11

| 开户行 | 银行账号 | 开户人名称 | 是否质押或冻结 | 银行存款日记账余额 | 银行已收企业未收 | 银行已付企业未付 | 调整后银行存款日记账余额 | 银行对账单余额 | 企业已收银行未收 | 企业已付银行未付 | 调整后对账单余额 | 调整后差异 |
|---|---|---|---|---|---|---|---|---|---|---|---|---|
| 工行明达支行 | 012123 | 正大公司 | 否 | 1543500 | 5800 | 1800 | 1547500 | 1558700 | 3000 | 14000 | 1547700 | 200 |
| 工行胜利支行 | 033567 | 正大公司 | 否 | 50000 | | | | 50000 | | | | |
| 建行向上支行 | 066889 | 正大公司 | 否 | 50000 | | | | 50000 | | | | |
| 中行实力支行 | 099663 | 正大公司 | 否 | 7194 | | | | 7194 | | | | |
| 合计 | | | | 1650694 | | | | 1665894 | | | | |

审计说明:

## 学生独立做

审计人员对正大公司2014年12月31日的资产负债表进行审计，在审查资产负债表货币资金项目时，发现该公司2014年12月31日的银行存款日记账的余额为1 543 500元。而2014年12月31日银行存款对账单的余额为1 558 700元。通过审计后，发现有下列未达账项和记账差错。

(1)12月23日，银行收到一笔委托收款5 800元，但正大公司尚未收到收款通知，尚未记账。

(2)12月24日，银行代企业支付电话费1 800元，银行已登记正大公司银行存款减少，但正大公司尚未收到付款通知，尚未记账。

(3)12月25日，正大公司送存支票一张，金额3 000元，并已登记入账，但银行尚未记账。

(4)12月30日，正大公司开出一张转账支票，支付购货款14 000元，正大公司已登记入账，但持票单位尚未到银行办理转账手续，银行尚未记账。

(5)12月15日，正大公司收到银行收款通知单12 200元。正大公司出纳员将该笔事项入账时，将银行存款增加数错记成12 000元。

根据上述资料，填制表6-8所示的“银行存款余额调节表”，核实2014年12月31日资产负债表货币资金项目中银行存款数额的正确性。

**表6-8 银行存款余额调节表**

<table>
<tr><td colspan="2">被审计单位:正大公司<br>项目:银行存款余额调节<br>编制:<br>日期:</td><td colspan="2">索引号:ZA41-4<br>财务报表截止日/期间:2014.12.31<br>复核:<br>日期:</td></tr>
<tr><td>项　目</td><td>金额</td><td>项　目</td><td>金额</td></tr>
<tr><td>企业银行存款日记账余额<br>(　　年　　月　　日)</td><td></td><td>银行对账单余额<br>(　　年　　月　　日)</td><td></td></tr>
<tr><td></td><td></td><td></td><td></td></tr>
<tr><td>调整后日记账余额</td><td></td><td>调整后对账单余额</td><td></td></tr>
<tr><td colspan="2">经办会计人员:</td><td colspan="2">会计主管:</td></tr>
</table>

### (五)函证银行存款余额

银行存款函证是指注册会计师在执行审计业务过程中，需要以被审计单位名义向有关单位发函询证，以验证被审计单位的银行存款是否真实、合法、完整。银行存款函证的目的是证实资产负债表中所列银行存款是否存在，了解企业欠银行的债务和企业未登记的银行借款。

根据我国《审计准则》的规定，审计人员应向被审计单位在本年存过款(含外埠存款、银行汇票存款、银行本票存款、信用卡存款、信用证保证金存款)的所有银行发积极式询证函。其企业审计程序如下。

(1)函证的对象。审计人员应向被审计单位在本期所有存过款的开户银行发函,包括零账户和账户已结清的银行,因为有可能银行存款已结清,但仍有银行借款和其他形式的负债。

(2)确定被审计单位的账面余额与银行函证结果的差异,对不符事项做出适当处理。

(3)函证的控制与评价。注册会计师直接向银行发询证函,将银行确认的余额与银行存款余额调节表、银行对账单的余额核对,同时确定回函中银行所提供的相关信息已在报表中得到披露。

## 师生教学做

审计人员按照规定向正大公司 2014 年存过款的四家银行发出询证函,下面列示工行明达支行(人民币户)银行询证函。

### 银行询证函

索引号:ZA41-4 编号:01

工行明达支行(银行):

本公司聘请的诚信会计师事务所正在对本公司2014 年度财务报表进行审计,按照《审计准则》的要求,应当询证本公司与贵行相关的信息。下列信息出自本公司记录,如与贵行记录相符,请在本函下端"信息证明无误"处签章证明;如有不符,请在"信息不符"处列明不符项目及具体内容;如存在与本公司有关的未列入本函的其他重要信息,也请在"信息不符"处列出其详细资料。回函请直接寄至诚信会计师事务所。

回函地址:武汉市江滩路 999 号诚信会计师事务所　　邮编 420606

电话:0278867199　　传真:0278867199　　联系人:赵仑海

截至 2014 年 12 月 31 日,本公司与贵行相关的信息列示如下。

1.银行存款

| 账户名称 | 银行账号 | 币种 | 利率 | 余额 | 起止日期 | 是否被质押或用于担保或存在其他限制 | 备注 |
|---|---|---|---|---|---|---|---|
| 正大公司 | 894422334 | 人民币 | 0.422% | 1 543 500.00 | 活期 | 无 | |
| | | | | | | | |

注:除上述列示的银行存款外,本公司并无在贵行的其他存款。

2.银行借款

| 账户名称 | 币种 | 本息余额 | 借款日期 | 还款日期 | 利率 | 其他借款条件 | 抵押品 | 备注 |
|---|---|---|---|---|---|---|---|---|
| 正大公司 | 人民币 | 925 200 | 2013.9.9 | 2014.9.9 | 6% | | 无 | |
| 正大公司 | 人民币 | 914 800 | 2013.6.5 | 2015.6.5 | 6.2% | | 设备 | |

注:除上述列示的银行借款外,本公司并无在贵行的银行借款;此项仅函证截至资产负债表日本公司尚未归还的借款。

3.截至函证之日起12个月内注销的账户

| 账户名称 | 银行账号 | 币种 | 注销账户日 |
| --- | --- | --- | --- |
| 无 | | | |
| | | | |

注：本公司并无截至函证日之前12个月内在贵行注销的其他账户。

4.担保

(1)本公司为其他公司提供的，以贵行为担保受益人的担保。

| 被担保人 | 担保方式 | 担保金额 | 担保期限 | 担保事由 | 担保合同编号 | 被担保人与贵行就担保事项往来的内容(贷款等) | 备注 |
| --- | --- | --- | --- | --- | --- | --- | --- |
| 无 | | | | | | | |
| | | | | | | | |

注：本公司并无以贵行为担保受益人的担保。

(2)贵行为本公司提供的担保。

| 被担保人 | 担保方式 | 担保金额 | 担保期限 | 担保事由 | 担保合同编号 | 备注 |
| --- | --- | --- | --- | --- | --- | --- |
| 无 | | | | | | |
| | | | | | | |

注：本公司并无贵行提供的其他担保。

5.本公司存放于贵行的有价证券和其他产权文件

| 有价证券或其他产权文件名称 | 产权文件编号 | 数量 | 金额 |
| --- | --- | --- | --- |
| 无 | | | |
| | | | |

注：本公司并无存放于贵行的有价证券和其他产权文件。

6.其他重大事项

| 不适用 |
| --- |

注：此项应填列注册会计师认为重大且应予函证的其他事项，如信托存款等；如无则应填写“不适用”。

以下仅供被询证银行使用：

| 结论： |
| --- |
| 1.信息证明无误。<br>（银行盖章）<br>经办人：　　年　　月　　日 |
| 2.信息不符。<br>（银行盖章）<br>经办人：　　年　　月　　日 |

在审计过程中，审计人员根据回函结果编制了银行存款函证结果汇总表，如表 6-9 所示。请核对并补充该表。

**表 6-9　银行存款函证结果汇总表**

被审计单位：　　　　　　　　　　　　　索引号：
项目：银行存款函证结果汇总　　　　　　财务报表截止日/期间：
编制：　　　　　　　　　　　　　　　　复核：
日期：　　　　　　　　　　　　　　　　日期：

| 开户银行 | 账号 | 币种 | 函证情况 | | | | | 质押冻结 | 被函证单位相关信息 | | | |
|---|---|---|---|---|---|---|---|---|---|---|---|---|
| | | | 账面余额 | 函证日期 | 回函日期 | 回函金额 | 金额差异 | | 联系人 | 电话 | 地址 | 邮编 |
| 工行明达支行 | 012123 | 人民币 | 1 543 500 | 2015.3.10 | 2015.3.12 | 1 543 500 | 无 | 无 | 方东册 | 18955987661 | 略 | 略 |
| 工行胜利支行 | 033567 | 美元 | 50 000 | 2015.3.10 | 2015.3.13 | 50 000 | 无 | 无 | 具众生 | 18955654255 | 略 | 略 |
| 建行向上支行 | 066889 | 人民币 | 50 000 | 2015.3.10 | 2015.3.14 | 50 000 | 无 | 无 | 李虹迷 | 18966585199 | 略 | 略 |
| 中行实力支行 | 099663 | 人民币 | 7 194 | 2015.3.10 | 2015.3.15 | 7 194 | 无 | 无 | 王国庆 | 18955221358 | 略 | 略 |
| | | | | | | | | | | | | |

审计说明：经函证，未见异常情况。

### （六）抽查大额货币资金的收支

由于货币资金的收支非常频繁，而且与企业的销售、采购、生产等环节紧密联系，因此，在货币资金的审计过程中，审计人员需要：抽查大额银行存款收支，从日记账追查到记账凭证和原始凭证，并按照一定格式记录于工作底稿中；抽查大额银行存款收支的原始凭证，检查原始凭证是否齐全、账务处理是否正确、是否记录于恰当的会计期间等内容；检查是否存在非营业目的的大额货币资金转移，并核对相关账户的进展情况。如有与被审计单位生产经营无关的收支事项，审计人员应查明原因并做相应的记录。

## 学生独立做

审计人员根据正大公司现金日记账、银行存款日记账抽查大额的异常和交易频繁的业务，从日记账追查到记账凭证和原始凭证，未见异常。审计人员将货币资金抽查的过程整理在工作底稿上，如表 6-10 所示。

**表 6-10 货币资金收支检查情况表**

被审计单位:正大公司　　索引号:

项目:货币资金收支情况检查　　财务报表截止日/期间:2014 年度

编制:张丰立　　复核:肖花

日期:2015.3.10　　日期:2015.3.11

| 记账日期 | 凭证编号 | 业务内容 | 会计科目 | 借方金额 | 贷方金额 | 核对内容 | | | | | 附件 |
|---|---|---|---|---|---|---|---|---|---|---|---|
| | | | | | | 1 | 2 | 3 | 4 | 5 | |
| 2014.12.2 | 5 | 报账 | 管理费用(差旅费) | 1 500 | | √ | √ | √ | √ | | 火车票、住宿发票、补助领款、复印收据等 |
| 2014.12.2 | 5 | 报账 | 库存现金 | 200 | | √ | √ | √ | √ | | |
| 2014.12.2 | 5 | 报账 | 其他应收款(吕水) | | 1 700 | √ | √ | √ | √ | | |
| 2014.12.4 | 15 | 发行债券 | 银行存款 | 520 000 | | √ | √ | √ | √ | | 银行收款通知单、债券发行票据 |
| 2014.12.4 | 15 | 发行债券 | 应付债券(债券面值) | | 500 000 | √ | √ | √ | √ | | |
| 2014.12.4 | 15 | 发行债券 | 应付债券(利息调整) | | 20 000 | √ | √ | √ | √ | | |
| 2014.12.11 | 45 | 付款 | 应付账款(民心公司) | 549 000 | | √ | √ | √ | √ | | 债务重组协议、支票存根 |
| 2014.12.11 | 45 | 付款 | 银行存款 | | 500 000 | √ | √ | √ | √ | | |
| 2014.12.11 | 45 | 付款 | 营业外收入(债务重组利得) | | 49 000 | √ | √ | √ | √ | | |
| 合计 | | | | | | | | | | | |

核对内容说明:1.原始凭证是否齐全;2.记账凭证与原始凭证是否相符;3.账务处理是否正确;4.是否记录于恰当的会计期间;5.……

对不符事项的处理:

审计说明:根据职业判断,对 2014 年 12 月发生额进行了抽查。抽查标准:1.对异常发生额重点抽查;2.对大额发生额重点抽查;3.其他项目做一般抽查。

审计结论:经审计未见重大异常情况。

备注:当企业规模和业务量较大时,可分库存现金、银行存款、其他货币资金科目分别使用该表,应注意索引号。

依据表 6-4 至表 6-10 的分析,填制表 6-11 所示的“货币资金审定表”。

**表 6-11　货币资金审定表**

<table>
<tr><td colspan="9">被审计单位:正大公司　　　　索引号:<br>项目:货币资金审定　　　　财务报表截止日/期间:<br>编制:　　　　复核:<br>日期:　　　　日期:</td></tr>
<tr><td rowspan="2">项 目 名 称</td><td rowspan="2">期末未审数</td><td colspan="2">账项调整</td><td colspan="2">重分类调整</td><td rowspan="2">期末<br>审定数</td><td rowspan="2">上期末<br>审定数</td><td rowspan="2">索引号</td></tr>
<tr><td>借方</td><td>贷方</td><td>借方</td><td>贷方</td></tr>
<tr><td>库存现金</td><td></td><td></td><td></td><td></td><td></td><td></td><td></td><td></td></tr>
<tr><td>银行存款</td><td></td><td></td><td></td><td></td><td></td><td></td><td></td><td></td></tr>
<tr><td>其他货币资金</td><td></td><td></td><td></td><td></td><td></td><td></td><td></td><td></td></tr>
<tr><td>合计</td><td></td><td></td><td></td><td></td><td></td><td></td><td></td><td></td></tr>
<tr><td colspan="7">调整分录:</td><td></td><td></td></tr>
<tr><td>内容</td><td>科目名称</td><td>借方</td><td>贷方</td><td>借方</td><td>贷方</td><td></td><td></td><td></td></tr>
<tr><td rowspan="2"></td><td></td><td></td><td></td><td></td><td></td><td></td><td></td><td></td></tr>
<tr><td></td><td></td><td></td><td></td><td></td><td></td><td></td><td></td></tr>
<tr><td rowspan="2"></td><td></td><td></td><td></td><td></td><td></td><td></td><td></td><td></td></tr>
<tr><td></td><td></td><td></td><td></td><td></td><td></td><td></td><td></td></tr>
<tr><td></td><td></td><td></td><td></td><td></td><td></td><td></td><td></td><td></td></tr>
<tr><td colspan="9">审计结论:</td></tr>
</table>

提示:每一笔调整分录先列入审计差异汇总表并顺序编号,然后再分别记录到所涉及的各个项目的底稿中。

# 项目七 采购与付款循环审计

## 任务一　了解采购与付款循环

### 一、采购与付款循环的业务流程

（一）采购与付款循环涉及的主要活动

采购与付款交易通常要经过请购、订货、验收、付款的程序，企业应当将各项职能活动指派给不同的部门或职员来完成。这样，每一个部门或职员都可以独立检查其他部门和职员工作的正确性。下面以采购商品为例，分别阐述采购与付款循环所涉及的主要业务活动及其适当的控制程序和相关的认定。

**1. 请购商品和劳务**

企业的请购岗位与审批岗位应分离，根据请购单进行授权审批，每一张请购单，必须经过负预算责任的主管人员签字批准。大多数企业对正常业务经营所需物资的购买均作一般授权，如仓库在现有库存达到再订购点时就可直接提出采购申请。但是对资本支出和租赁合同，企业通常要求特别授权，只允许指定人员提出请购。请购单可由手工和计算机编制。由于企业内不少部门都可以填列请购单，不便事先编号，为加强控制，每张请购单必须经过对这类支出预算负责的主管人员签字批准。

请购单是证明有关采购交易发生的凭据之一，也是采购交易轨迹的起点。

**2. 编制订购单**

采购部门在请购单经过批准后发出订购单，询价后对每张订购单确定最佳供应商，但询价与确定供应商的职能要分离。采购部门在订购单上正确填写所需要的商品品名、数量、价格、厂商名称和地址等，预先按顺序编号并经过被授权的采购人员签字。订购单的正联应送交供应商，副联则送至企业内部的验收部门、应付凭单部门和编制请购单的部门。随后，采购部门应独立检查订购单的处理，以确定是否确实收到商品并正确入账。这项检查与采购交易的完整性认定有关。

**3. 验收商品**

首先,验收部门先比较所收商品与订购单上的要求是否相符,然后盘点商品并检查商品有无损坏,待验收后编制一式多联、预先编号的验收单,作为验收和检验商品的依据。其次,验收人员将商品送交仓库或其他请购部门时应取得经过签字的收据,或在验收单上签收,以确定其对资产负有保管责任。验收单是支持资产和费用以及与采购有关的负债的存在或发生认定的重要凭证。定期独立检查验收单顺序编号与采购交易的完整性认定有关。

**4. 储存已验收的商品**

企业应将拟验收商品的保管与采购的其他职责相分离,可以减少未经授权采购和盗用商品的风险。存放商品的仓储区应相对独立,限制无关人员接近。这些控制与商品的存在认定有关。

**5. 编制付款凭单**

记录采购交易之前,应付凭单部门应编制付款凭单。这项功能的控制包括以下几项。一是确定供应商发票的内容与相关的验收单、订购单的一致性。二是确定供应商发票计算的正确性。三是编制有预先编号的付款凭单并附上支持性凭证。四是独立检查付款凭单计算的正确性。五是在付款凭单上填入应借记的资产和费用账户名称。六是由被授权人员在凭单上签字,以示批准照此凭单要求付款。所有未付凭单的副联,应保存在未付凭单档案中,以待日后付款。经批准和有预先编号的凭单为记录采购交易提供了依据,因此这些控制与存在、发生、完整性、权利和义务以及计价和分摊等认定有关。

**6. 确认与记录负债**

企业应正确确认已经验收货物和已接受劳务的债务,要求准确、及时记录负债。该记录对企业财务报表和实际现金支出具有重大影响。与应付账款确认和记录相关的部门一般有责任核查购置的财产,并在应付凭单登记账簿和应付账款明细账中加以记录。在收到供应商发票时,应付账款部门应将发票上所记载的品名、规格、价格、数量、条件及运费与订购单上的有关资料核对,如有可能还应与验收单上的资料进行比较。

应付账款确认与记录的一项重要控制是要求记录现金支出的人员不得经手现金、有价证券和其他资产。恰当的凭证记录与记账手续对业绩的独立考核和应付账款职能而言是必不可少的控制。

在手工系统下,相关部门应该将已批准的未付款凭单送达会计部门,据以编制有关记账凭证和登记有关账簿。会计主管应监督为采购交易而编制的记账凭证中账户分类的适当性。通过定期核对编制记账凭证的日期与凭单副联的日期,监督入账的及时性。而独立检查会计人员则应核对所记录的凭单的总数与应付凭单部门送来的每日凭单汇总表是否一致,并定期独立检查应付账款总账余额与应付凭单部门未付款凭单档案中的总金额是否一致。

**7. 付款**

企业通常由应付凭单部门负责确定未付款凭单在到期日付款。企业有多种款项结算方式,以支票结算方式为例,编制和签署支票的有关控制包括以下几项。一是独立检查已签发支票的总额与所处理的付款凭单的总额的一致性。二是应由被授权的财务部门的人员负责签署支票。三是被授权签署支票的人员应确定每一张支票都附有一张已经适当批准的未付款凭单并确定支票收款人姓名和金额与凭单内容的一致性。四是支票一经签署,就应在其凭单和支持性凭证上用加盖印戳或打洞等方式将其注销,以免重复付款。五是支票签收人不应签发无记名甚至空白的支票。六是支票应预先连续编号，保证支出支票存根的完整性和作废支票处理的恰当性。七是应确保只有被授权的人员才能接近未经使用的空白支票。

**8. 记录库存现金、银行存款支出**

仍以支票结算为例，在手工系统下，会计部门应根据已签发的支票编制付款凭证，并据以登记银行存款日记账及其他相关账簿。以记录银行存款支出为例，有关控制包括以下几项。一是会计主管应独立检查记入银行存款和应付账款明细账的金额的一致性，以及支票汇总记录的一致性。二是通过定期比较银行日记账记录的日期与支票副本的日期，独立检查入账的及时性。三是独立编制银行存款余额调节表。

### （二）确定本循环可能发生错报的环节

注册会计师需要确定和了解采购与付款循环的错报在什么环节发生，即确定被审计单位应在哪些环节设置控制，以防止和发现并纠正各重要交易活动可能发生的错报。部分在采购与付款循环中可能发生错报的环节如表 7-1 所示。

**表 7-1　部分在采购与付款循环中可能发生错报的环节**

| 交易活动 | 可能的错报 | 关键控制点 |
| --- | --- | --- |
| 请购商品和劳务 | 可能请购过多商品；固定资产购置没有预算 | 由经授权的专门机构和人员填制请购单；每张请购单应经过预算管理部门签字批准 |
| 编制订购单 | 可能有未经授权的采购 | 订购单一式多联，并预先连续编号，由经授权的采购人员签字 |
| 验收商品 | 可能收到未订购的商品；收到商品的品种、数量、质量可能不符合要求 | 收到货物时应由独立于采购、仓储、运输职能的部门或人员点收，根据订购单验收商品，并编制一式多联的验收单 |
| 储存已验收的商品 | 商品可能被盗走 | 将保管与采购的其他职责相分离；只有经过授权的人员才能接近被保管的财产 |
| 编制付款凭单 | 可能对未订购或未收到的商品编制付款凭单 | 每张付款凭单应当与订购单、验收单和供应商发票相匹配 |
| 确认与记录负债 | 付款凭单可能未入账 | 独立检查付款凭单汇总表和有关记账凭证上的金额的一致性 |
| 付款 | 可能对一张凭证重复付款；支票金额可能开错 | 支票签发后应立即注销付款凭单和支付凭证；独立检查支票金额和付款凭单的一致性 |
| 记录库存现金、银行存款支出 | 支票可能未入账；记错支票时间 | 使用和控制预先连续编号的支票；定期编制银行存款余额调节表 |

### （三）识别和了解相关控制

注册会计师通过检查被审计单位采购与付款循环内部控制手册和其他书面指引、询问各部门的相关人员、观察操作流程等方式，并利用文字表述法、调查表法、流程图法等对采购与付款循环的交易流程进行了解。

### （四）穿行测试

注册会计师应当选择一笔或几笔交易进行穿行测试以证实对交易流程和相关控制的了解

是否正确和完整。例如，针对采购交易，注册会计师追踪从请购单的处理、编制订购单、验收商品并储存、编制付款凭证、记录购货与负债、生成记账凭证，到过账至应付账款明细账和总账的整个交易流程，并确定相关控制是否得到执行。

（五）初步评价和风险评估

注册会计师通过了解采购与付款循环的内部控制，对相关控制的设计和执行情况进行评价，同时结合对被审计单位其他方面的了解，评估重大错报风险，以确定进一步程序的性质、时间和范围。如果了解到相关内部控制不存在或不值得信赖，注册会计师可考虑执行实质性程序，而不进行控制测试。

## 二、了解付款交易的内部控制

企业付款交易的内部控制如下：企业应当按照《现金管理暂行条例》《支付结算办法》等有关货币资金内部会计控制的规定办理采购付款交易；企业财会部门在办理付款交易时，应当对采购发票、结算凭证、验收证明等相关凭证的真实性、完整性、合法性及合规性进行严格审核；企业应当建立预付账款和定金的授权批准制度，加强预付账款和定金的管理；企业应当加强应付账款和应付票据的管理，由专人按照约定的付款日期、折扣条件等管理应付款项。已到期的应付款项须经有关授权的人员审批后方可办理结算与支付；企业应当建立退货管理制度，对退货条件、退货手续、货物出库、退货货款回收等做出明确规定，及时收回退货款；企业应当定期与供应商核对应付账款、应付票据、预付账款等往来款项。如有不符，应查明原因，及时处理。

## 三、了解固定资产的内部控制

固定资产归属于采购与付款循环，固定资产与一般的商品在内部控制和控制测试问题上固然有许多共性的地方，但固定资产还具有不少特殊性，有必要对其单独加以说明。固定资产的预算制度是固定资产内部控制中最重要的部分。通常，大中型企业应编制旨在预测与控制固定资产增减和合理运用资金的年度预算。小规模企业即使没有正规的预算，对于固定资产的购建也要事先加以计划。

完善的授权批准制度包括企业的资本性预算，只有经过董事会等高层管理机构批准方可生效；所有固定资产的取得和处置均须经企业管理层书面认可。

除固定资产总账外，被审计单位还需设置固定资产明细分类账和固定资产登记卡，按固定资产类别、使用部门和每项固定资产进行明细分类核算。固定资产的增减变化均应有充分的原始凭证。

对固定资产的取得、记录、保管、使用、维修、处置等均应明确划分责任，由专门部门和专人负责。

企业应制定区分资本性支出和收益性支出的书面标准，通常需明确资本性支出的范围和最低金额。凡不属于资本性支出的范围、金额低于下限的任何支出，均应列作费用并抵减当期收益。

固定资产的处置包括投资转出、报废、出售等，均要有一定的申请报批程序。

对固定资产的定期盘点是验证账面各项固定资产是否真实存在、了解固定资产放置地点和使用状况，以及发现是否存在未入账固定资产的必要手段。

固定资产应有严密的维护保养制度，以防止其因各种自然和人为的因素而遭受损失，并应建立日常维护和定期检修制度，延长其使用寿命。严格地说，固定资产的保险不属于企业固定资产的内部控制范围，但是它作为一项针对企业重要资产的特别保障，往往对企业非常重要。

# 任务二　应付账款审计

## 一、应付账款审计的任务准备

2015 年 2 月 15 日，恒信会计师事务所的审计人员依据《审计准则》和正大公司 2014 年度财务报表审计的具体实施方案，负责应付账款的审计。恒信会计师事务所的审计人员实施了审阅、核对、函证等程序，编制了表 7-2 所示的应付账款工作底稿目录。为了便于对应付账款审计工作过程和审计范围的理解、掌握及审计实务操作，将应付账款审计的实质性程序与审计目标的关系编制成应付账款实质性程序表与应付账款核对表，分别如表 7-3 和表 7-4 所示。

表 7-2　会计师事务所应付账款工作底稿目录

| 编　号 | 项目名称 | 工作底稿名称 | 索引号 |
|---|---|---|---|
| 1 | 应付账款 | 应付账款程序表 | FD52-0 |
| 2 | 应付账款 | 应付账款明细表 | FD52-1 |
| 3 | 应付账款 | 应收账款核对表 | FD52-2 |
| 4 | 应付账款 | 应付账款审定表 | FD52 |

表 7-3　应付账款实质性程序表

| 被审计单位：正大公司<br>项目：应付账款实质性程序<br>编制：张丰立<br>日期：2015.3.10 | 索引号：FD52-0<br>财务报表截止日/期间：2014 年度<br>复核：肖花<br>日期：2015.3.11 | | | | |
|---|---|---|---|---|---|
| 审计目标 | 财务报表的认定 | | | | |
| | 存在 | 完整性 | 权利和义务 | 计价和分摊 | 披露 |
| A. 资产负债表中记录的应付账款是存在的 | √ | | | | |
| B. 所有应当记录的应付账款均已记录 | | √ | | | |
| C. 记录的应付账款是被审计单位应当履行的现实义务 | | | √ | | |
| D. 应付账款以恰当的金额包括在财务报表中，与之相关的计价调整已恰当记录 | | | | √ | |
| E. 应付账款已按照《企业会计准则》的规定在财务报表中做出了恰当列报 | | | | | √ |

续表

| 可选择的实质性程序 | | | | | | | | | |
|---|---|---|---|---|---|---|---|---|---|
| 审计目标 | 可供选择的审计程序 | 是否执行 | 未执行原因 | 索引号 | 存在 | 完整性 | 权利和义务 | 计价和分摊 | 披露 |
| D | 获取或编制应付账款明细表，复核加计是否正确并与报表数、总账数及明细账合计数核对是否相符 | 是 | | FD52-1 | | | | √ | |
| BD | 根据被审计单位实际情况，对应付账款执行实质性分析程序 | 是 | | FD52-0 | | √ | | √ | |
| AC | 函证应付账款或替代审计程序 | 是 | | FD52-2 | √ | | √ | | |
| BD | 检查应付账款是否记入了正确的会计期间，是否存在未入账的应付账款 | 是 | | FD52-2 | | √ | | √ | |
| BD | 针对已偿付的应付账款，追查至银行对账单、银行付款单据和其他原始凭证，检查其是否在资产负债表日前真实偿付 | 是 | | FD52-2 | | √ | | √ | |
| E | 检查应付账款是否已按照《企业会计准则》的规定在财务报表中做出恰当列报 | 是 | | FD52-2 | | | | | √ |
| | 其他程序(略) | | | | | | | | |

注：表中的审计程序是在应付账款进行实质性程序时可选择的程序，并非对每一个被审计单位必须全部采用。在审计实务中应根据被审计单位的具体情况选择所采取的审计程序。需要强调的是，应付账款的审计重点与应收账款的不同，应付账款的审计重点是完整性和舞弊审计，即是否存在未入账和入账时间不正确的应付账款，以及应付账款核算内容不规范，如利用应付账款隐瞒收入，或通过应付账款掩盖财务人员的不法行为等。

**表 7-4 应付账款核对表**

被审计单位：正大公司　　索引号：FD52-2
项目：应付账款核对　　财务报表截止日/期间：2014 年度
编制：张丰立　　复核：肖花
日期：2015.3.10　　日期：2015.3.11

| 序号 | 记账凭证 | | | 摘要 | 入库单 | | | 购货发票 | | | 入库单与发票 | 明细账与发票 |
|---|---|---|---|---|---|---|---|---|---|---|---|---|
| | 编号 | 日期 | 金额 | | 编号 | 日期 | 金额 | 日期 | 供应商 | 金额 | | |
| 1 | 006 | 12.4 | 187 200 | 购圆钢未付款 | 1201 | 12.6 | 187 200 | 12.4 | 大冶钢厂 | 187 200 | 相符 | 相符 |
| 2 | 015 | 12.5 | 128 700 | 购轴承未付款 | 1203 | 12.8 | 128 700 | 12.5 | 武昌轴承厂 | 128 700 | 相符 | 相符 |
| 3 | 028 | 12.10 | 95 675 | 购圆钢未付款 | 1208 | 12.12 | 95 675 | 12.10 | 武汉钢厂 | 95 675 | 相符 | 相符 |

核对要点：1.入库单中的货物名称、数量、单价与金额与购物发票核对是否一致；2.记账凭证的内容与购货发票的内容核对是否一致。

审计说明：选 10%采购交易，经核对，未发现重大异常。

## 二、应付账款审计程序及案例分析

### (一)获取或编制应付账款明细表

审计人员获取或编制应付账款明细表,复核加计正确,并与报表数、总账数和明细账合计数核对是否相符。我国《企业会计准则》规定,应付账款明细账的余额一般在贷方。如果发现应付账款有借方余额的情况,必要时建议做重分类调整。

### 师生教学做

【实训材料】

正大公司提供了2014年12月31日应付账款明细表,审计人员对表中所列的应付账款明细账户的期初余额、本期发生额和期末余额进行了计算和复核,结果准确无误;将其与应付账款明细账进行核对,证明结果相符,如表7-5所示。同时,审计人员以应付账款明细账为起点,追查至记账凭证和原材料入库单、采购发票并与其进行了核对,证明结果相符。另外,审计人员通过查验相关凭证(见表7-6、表7-7)注意到,应付火炎公司明细账为借方余额10 000元,为查证借方余额的合理性,应实施进一步的审计程序,必要时做重分类调整。审计人员还发现期末余额应付水上集团22 000元货款,账龄为三年,属于长期挂账。

【实训要求】

请据以填写审计工作底稿表7-5“应付账款明细表”中的“审计说明”栏。

**表7-5 应付账款明细表**

被审计单位:正大公司　　索引号:FD52-1
项目:应付账款　　财务报表截止日/期间:2014.12.31
编制:张丰立　　复核:肖花
日期:2015.3.10　　日期:2015.3.11

| 明细账户 | 期初余额 | | 本期发生额 | | 期末余额 | |
|---|---|---|---|---|---|---|
| | 借方 | 贷方 | 借方 | 贷方 | 借方 | 贷方 |
| 报表数 | | 1 140 900 | 3 966 600 | 3 697 700 | | 872 000 |
| 总账数 | | 1 140 900 | 3 966 600 | 3 697 700 | | 872 000 |
| 函证应付明细: | | | | | | |
| 1.上海钢厂 | | 100 000 | 650 000 | 640 200 | | 90 200 |
| 2.中通公司 | | 80 000 | 220 600 | 228 400 | | 87 800 |
| 3.武汉钢厂 | | 58 000 | 127 200 | 129 200 | | 60 000 |
| 4.东风公司 | | 50 600 | 116 800 | 120 000 | | 53 800 |
| 5.大冶钢厂 | | 360 000 | 430 000 | 73 000 | | 3 000 |
| 6.湖光公司 | | 70 000 | 860 000 | 950 000 | | 160 000 |
| 7.大力公司 | | 157 000 | 388 000 | 432 000 | | 201 000 |
| 8.强大钢厂 | | 81 000 | 409 000 | 430 000 | | 102 000 |
| 9.习天公司 | | 85 500 | 320 000 | 336 700 | | 102 200 |
| 10.水上集团 | | 22 000 | | | | 22 000 |
| 11.火炎公司 | | 76 800 | 445 000 | 358 200 | 10 000 | |
| 审计说明: | | | | | | |

表 7-6　记账凭证

2014 年 10 月 6 日　　　　　　凭证编号:08 号

| 摘　要 | 科　目 | | 借方金额 | 贷方金额 | √ |
|---|---|---|---|---|---|
| | 总账科目 | 明细科目 | | | |
| 预付材料款 | 应付账款 | 火炎公司 | 10 000.00 | | √ |
| | 银行存款 | | | 10 000.00 | √ |
| | | | | | |
| | | | | | |
| 合　计 | | | ¥10 000.00 | ¥10 000.00 | |

附单据 1 张

会计主管:胡钢　　记账:李磊　　出纳:阿尔法　　复核:王双杠　　制单:钱碟

表 7-7　工商银行支票存根

中国工商银行
转账支票存根
号码:01245684141
附加信息
出票日期　2014 年 10 月 6 日

| 收款人:大力公司 |
|---|
| 金额:10 000.00 |
| 用途:预付材料款 |

单位主管:胡钢　　会计:钱碟

(二)应付账款实质性分析程序

审计实务中,审计人员根据被审计单位的实际情况,运用分析程序检查了年度内应付账款明细账发生和偿还的金额是否正常、有无利用应付账款进行舞弊的问题。审计人员可选择以下方法对应付账款进行实质性分析程序。

(1)将期末应付账款余额与期初余额进行比较,分析波动原因。

(2)分析长期挂账的应付账款,要求被审计单位做出解释,判断被审计单位是否缺乏偿债能力和利用应付账款隐瞒利润,并注意其是否可能无须支付;对确实无须支付的应付账款的会计处理是否正确,依据是否充分;关注账龄超过三年的大额应付账款在资产负债表日后是否偿还,检查偿还记录、单据及披露情况。

(三)检查应付账款是否计入了正确的会计期间,是否存在入账的应付账款

我国《审计准则》规定,对上市公司要实施查找未入账的应付账款审计程序。注册会计师通过下列审计发现某些未入账的应付账款,于是将有关情况详细记入审计工作底稿,并根据其重要性确定是否建议被审计单位进行相应的调整。

(1)检查债务形成的相关原始凭证，如供应商发票、验收报告和入库单等，查找有无未及时入账的应付账款，确认应付账款期末余额的完整性。

(2)检查资产负债表日后应付账款明细账贷方发生额的相应凭证，关注其购货发票的日期，确认其入账时间是否合理。

(3)获取被审计单位与其供应商之间的对账单(应从非财务部门如采购部门获取)，并将对账单和被审计单位财务记录之间的差异进行调节(如在途款项、在途商品、付款折扣、未记录的负债等)，查找有无未入账的应付账款，确定应付账款金额的准确性。

(4)针对资产负债表日后付款项目，检查银行对账单及有关付款凭证(如银行汇款通知、供应商收据等)，询问被审计单位内部和外部的知情人员，查找有无未及时入账的应付账款。

(5)结合存货监盘程序，检查被审计单位在资产负债表日前后的存货入库资料(验收报告或入库单)，检查是否有大额料到单未到的情况，确认相关负债是否进入了正确的会计期间。

## 师生教学做

审计人员在分析、审阅应付账款明细账时，发现大冶钢厂是正大公司的重要供货商，发现“应付账款——大冶钢厂”明细账 12 月份期初贷方余额高达 360 000 元，而年末的期末余额为 3 000元，应付账款期初余额与期末余额变动较大，可见应付账款记录不正常。

审计人员从验收部门发现 12 月份的商品验收确认单(见表 7-8)追查至原材料入库单(见表 7-9)和增值税专用发票(见表 7-10)及相应的记账凭证和明细账，结果发现记账凭证和应付账款明细账中并未登记该笔业务。审计人员询问了会计人员后得知，该笔业务未入账。

**表 7-8　商品验收确认单**

| 商品名称 | 规格 | 数量 | 单价/元 | 入库日期 | 合同号 | 售后服务承诺 |
|---|---|---|---|---|---|---|
| 圆钢 | C-55 | 50 | 3 200 | 2014.11.30 | 201418 | 有质量问题包退换 |
| | | | | | | |
| | | | | | | |
| | | | | | | |
| 购货方:正大公司<br>经检验以上产品与合同一致，验收合格。<br>经办人:张继科<br>2014.11.30 | | | | 供货方:大冶钢厂<br>2014.11.30 | | |

保管员:曾国藩　　　　检验员:张继科

**表 7-9　原材料入库单**

供货单位:大冶钢厂　　　　2014 年 11 月 30 日　　　　合同号:201418

| 品名 | 规格 | 单位 | 数量 | | 实际价格/元 | | | |
|---|---|---|---|---|---|---|---|---|
| | | | 来料数 | 实际数 | 单价 | 总价 | 运杂费 | 合计 |
| 圆钢 | C-55 | 吨 | 50 | 50 | 3 200.00 | 160 000.00 | 5 000.00 | 165 000.00 |
| | | | | | | | | |
| | | | | | | | | |

主管:程冬子　　　　保管员:曾国藩　　　　检验员:张继科

**表 7-10　增值税专用发票**

NO.002789145

校验码:4471515022　　　　发票联　　　　开票日期:2014 年 12 月 5 日

<table>
<tr><td rowspan="5">购货单位</td><td colspan="4">纳税人名称:正大公司</td><td rowspan="5">密码区</td><td colspan="3" rowspan="5">D98R8566D＊4566＊8796677S9W＊＊<br>//56789S5512300S6329874125G336/<br>＊6524623D444K60153217D65475697<br>12324D35E420320011235478//＊＊666</td></tr>
<tr><td colspan="4">纳税人识别号:420101032635924</td></tr>
<tr><td colspan="4">电话:027-86250966</td></tr>
<tr><td colspan="4">地址:东湖高新开发区 121 号</td></tr>
<tr><td colspan="4">开户行及账号:工行光谷支行 003456</td></tr>
<tr><td colspan="2">货物或应税劳务名称</td><td>规格型号</td><td>单位</td><td>数量</td><td>单价</td><td>金额</td><td>税率</td><td>税额</td></tr>
<tr><td colspan="2">圆钢</td><td></td><td>吨</td><td>50</td><td>3 200.00</td><td>160 000.00</td><td>17%</td><td>27 200.00</td></tr>
<tr><td colspan="2">合计</td><td></td><td></td><td></td><td></td><td>￥160 000.00</td><td></td><td>￥27 200.00</td></tr>
<tr><td colspan="9">价税合计(人民币大写)壹拾捌万柒仟贰佰元整　　　　(小写)￥187 200.00</td></tr>
<tr><td rowspan="4">销货单位</td><td colspan="5">名称:大冶钢厂</td><td colspan="3" rowspan="4">备注:</td></tr>
<tr><td colspan="5">纳税人识别号:22552255002233</td></tr>
<tr><td colspan="5">地址、电话:大冶西湖小区 258 号 0412-68766680</td></tr>
<tr><td colspan="5">开户行及账号:中国工商银行西湖支行 11447788</td></tr>
</table>

第二联　发票联　购货方记账凭证

收款人:于信　　　复核:施东相　　　开票人:薄来偿　　　销货单位(章)

针对以上情况,审计人员应怎样处理?

---

---

## 学生独立做

审计人员执行了下列审计程序:首先,结合存货监盘抽查了被审计单位在决算日前后十天的验收入库单,发现 2014 年年末从大冶钢厂购入的圆钢已经到货,由于未收到发票,期末未办理入账手续(见表 7-11 至表 7-13);其次,检查决算日后应付账款明细账的贷方发生额相应凭证,核对了购货发票的日期,未发现异常。

**表 7-11　商品验收确认单**　　　　第 258 号

<table>
<tr><td>商品名称</td><td>规格</td><td>数量</td><td>单价/元</td><td>入库日期</td><td>合同号</td><td>售后服务承诺</td></tr>
<tr><td>圆钢</td><td>C-55</td><td>30</td><td>3 200</td><td>2014.12.31</td><td>201420</td><td>有质量问题包退换</td></tr>
<tr><td></td><td></td><td></td><td></td><td></td><td></td><td></td></tr>
<tr><td></td><td></td><td></td><td></td><td></td><td></td><td></td></tr>
<tr><td colspan="4">购货方:正大公司<br>经检验以上产品与合同一致,验收合格。<br>经办人:张继科<br>2014.12.31</td><td colspan="3">供货方:大冶钢厂<br><br><br>2014.12.31</td></tr>
</table>

表 7-12　原材料入库单

供货单位:大冶钢厂　　　　2014 年 12 月 31 日　　　　合同号:201420

| 品名 | 规格 | 单位 | 数　量 | | 实际价格/元 | | | |
|---|---|---|---|---|---|---|---|---|
| | | | 来料数 | 实际数 | 单价 | 总价 | 运杂费 | 合计 |
| 圆钢 | C-55 | 吨 | 30 | 30 | 3 200.00 | 96 000.00 | 4 000.00 | 100 000.00 |
| | | | | | | | | |
| | | | | | | | | |
| | | | | | | | | |

主管:程冬子　　　　保管员:曾国藩　　　　检验员:张继科

表 7-13　增值税专用发票　　　　NO.002789263

发票联

校验码:44715150278　　　　开票日期:2015 年 1 月 5 日

| 购货单位 | 纳税人名称:正大公司<br>纳税人识别号:420101032635924<br>电话:027-86250966<br>地址:东湖高新开发区 121 号<br>开户行及账号:工行光谷支行 003456 | | | | 密码区 | D98R8566D＊4566＊8796677S9W＊＊<br>//56789S5512300S6329874125G336/＊<br>6524623D444K60153217D65475697<br>12324D35E420320011235478//＊＊666 | |
|---|---|---|---|---|---|---|---|
| 货物或应税劳务名称 | 规格型号 | 单位 | 数量 | 单价 | 金额 | 税率 | 税额 |
| 圆钢<br>合计 | C-55 | 吨 | 30 | 3 200.00 | 96 000.00<br>¥96 000.00 | 17% | 16 320.00<br>¥16 320.00 |
| 价税合计(人民币大写)壹拾壹万贰仟叁佰贰拾元整 | | | | | (小写)¥112 320.00 | | |
| 销货单位 | 名称:大冶钢厂<br>纳税人识别号:22552255002233<br>地址、电话:大冶西湖小区 258 号 0412-68766680<br>开户行及账号:中国工商银行西湖支行 11447788 | | | | 备注: | | |

第二联　发票联　购货方记账凭证

收款人:于信　　　　复核:施东相　　　　开票人:薄来偿　　　　销货单位(章)

针对以上情况,审计人员应怎样处理?

(四)函证应付账款

函证应付账款的事项和内容如表 7-14 所示。

表 7-14　函证应付账款的事项和内容

| 事　项 | 内　容 |
| --- | --- |
| 函证的必要性 | 一般情况下，并不是必须函证应付账款，因为函证不能保证查出未记录的应付账款，况且注册会计师能够取得采购发票等外部凭证来证实应付账款的余额 |
| 函证应付账款的情形 | 如果控制风险较高，某应付账款明细账户金额较大或被审计单位处于财务困难阶段，则应进行应付账款的函证 |
| 函证对象 | 较大金额的债权人的账户；资产负债表日金额不大，甚至为零，但为企业重要供货人的债权人的账户 |
| 函证方式 | 最好采用积极的函证方式，并具体地说明应付金额 |
| 函证控制 | 对函证的过程(包括选取需要函证的账户，询证函的起草、寄发和收回)进行控制，要求债权人直接回函，并根据回函情况编制与分析函证结果汇总表，对未回函的，应考虑是否再次函证 |
| 函证的替代程序 | 检查结算日后应付账款明细账、现金日记账和银行存款日记账，核实其是否已支付，同时检查该笔债务的相关凭证资料，核实交易事项的真实性 |

注意：对于重要的原材料供应商和关联方账户余额应进行重点审查。一般采取的应付账款审计的替代程序如下：一是抽查应付账款余额形成的相关凭证，核对购货合同、购货发票、入库单和付款记录等原始资料，核实交易事项的真实性；二是抽查结算日后应付账款明细账及现金、银行存款日记账，核实是否已支付货款并转销。

## 师生教学做

审计人员对被审计单位年度内有大额购货交易的应付账款，以及对未寄对账单的供应商、异常交易账户、母子公司和资产担保负债的债权人、期末账面余额为零的重要供应商等 11 家客户进行函证，以确定其是否存在未入账的应付账款。

发函后，在规定的时间范围内收到其中 10 家客户的回函，未收到水上集团的回函。

在回函中，除大力公司，其他 9 家的回函与正大公司应付账款明细账上的余额完全相符。

### 应付账款询证函

索引号：FD52-2
编　号：0032

大力公司：

我们公司聘请的诚信会计师事务所正在对本公司2014 年度财务报表进行审计，请将本公司截至 2014 年 12 月 31 日欠贵公司的金额填写下列表格(附表)的空白处。

另外，请一并附上说明未付款金额的明细表，直接邮寄至会计师事务所。

回函地址：武汉市江夏区五里界街 56 号诚信会计师事务所　　邮编：420020

电话：1360725××××　　传真：13××××　　联系人：赵仓海

本函仅为复核账目之用，并非催款结算。

正大公司(被审计单位盖章)

2015 年 3 月 15 日

大力公司回函如下(部分)。

诚信会计师事务所赵仑海先生:

本公司记录表明截至2014年12月31日,正大公司欠本公司301 000元,明细见下表(附表)。

大力公司

总会计师:黄金

2015年3月19日(被询证公司盖章)

附表　正大公司欠款未付明细表

| 截止日期 | 欠款金额/元 | 交易发票编号 |
|---|---|---|
| 2014.9.21 | 100 000.00 | 238789 |
| 2014.10.10 | 65 000.00 | 390988 |
| 2014.11.20 | 58 000.00 | 498760 |
| 2014.12.6 | 78 000.00 | 598033 |
| 合计 | 301 000.00 | 201000 |

针对大力公司的回函,审计人员对未回函水上集团及回函说明情况不符的大力公司进行了进一步的查证,发现正大公司于2014年12月28日以委托银行付款的结算方式支付了9月21日欠大力公司的货款100 000元,而大力公司尚未收到通知单,故未记账。对于未回函的水上集团,注册会计师执行了替代程序,最后证明应付账款明细账记录无误,但是水上集团已经破产。

针对上述情况进行分析和处理:

______________________________

______________________________

______________________________

______________________________

______________________________

## 三、应付账款审计的综合实训

2015年3月15日诚信会计师事务所的审计人员依据《审计准则》和正大公司2014年度财务报表审计的具体实施方案,负责应付账款的审计。正大公司为制造业企业。审计人员在编制审计计划时,分配至应付账款项目的重要性水平是50 000元,对正大公司应付账款审计时,实施了下列审计程序。

(1)从被审计单位获取应付账款明细表,如表7-5所示,分析出现借方余额的项目;发现期末余额应付水上集团22 000元货款,账龄为三年,属于长期挂账。

(2)检查重要客户,实施分析程序,审查应付账款明细账。

(3)实施了函证应付账款审计程序。

(4)查找未入账的应付账款。

根据上述的审计结果填写表7-15“应付账款审定表”。

**表 7-15　应付账款审定表**

| 被审计单位：正大公司 | 索引号： |
| --- | --- |
| 项目：应付账款 | 财务报表截止日/期间： |
| 编制： | 复核： |
| 日期： | 日期： |

| 项目名称 | 期末未审数 | 账项调整 | | 重分类调整 | | 期末审定数 | 上期末审定数 | 索引号 |
| --- | --- | --- | --- | --- | --- | --- | --- | --- |
| | | 借方 | 贷方 | 借方 | 贷方 | | | |
| | | | | | | | | |
| | | | | | | | | |
| | | | | | | | | |
| | | | | | | | | |
| | | | | | | | | |
| | | | | | | | | |
| | | | | | | | | |
| | | | | | | | | |
| | | | | | | | | |
| | | | | | | | | |
| | | | | | | | | |
| | | | | | | | | |
| 调整分录： | | | | | | | | |
| 内容 | 科目名称 | 借方金额 | 贷方金额 | 借方金额 | 贷方金额 | | | |
| | | | | | | | | |
| | | | | | | | | |
| | | | | | | | | |
| | | | | | | | | |
| | | | | | | | | |
| | | | | | | | | |
| | | | | | | | | |

审计结论：

# 任务三　固定资产及累计折旧审计

## 一、固定资产及累计折旧审计任务准备

2015 年 3 月 15 日，会计师事务所的审计人员依据《审计准则》和正大公司 2014 年度财务报表审计的具体实施方案，负责固定资产及累计折旧的实质性程序。审计人员实施了观察、审阅、核对、重新计算等程序，编制了表 7-16 所示的固定资产工作表目录。为了便于对固定资产、累计折旧审计工作过程和审计范围的理解、掌握，以及审计实务操作，根据审计实务的要求，现将固定资产、累计折旧审计的实质性程序与申请目标的关系，以工作底稿的形式列示。实施的实质性程序如表 7-17 所示。

**表 7-16　会计师事务所固定资产工作表目录**

| 编　号 | 项 目 名 称 | 工作底稿名称 | 索　引　号 |
|---|---|---|---|
| 1 | 固定资产 | 固定资产实质性程序表 | ZO47-0 |
| 2 | 固定资产 | 固定资产及累计折旧明细表 | ZO47-1 |
| 3 | 固定资产 | 固定资产增加明细表 | ZO47-2 |
| 4 | 固定资产 | 固定资产减少明细表 | ZO47-3 |
| 5 | 固定资产 | 固定资产及累计折旧审定表 | ZO47 |

**表 7-17　固定资产实质性程序表**

| 被审计单位：正大公司<br>项目：固定资产实质性程序<br>编制：张丰立<br>日期：2015.3.10 | 索引号：ZO47-0<br>财务报表截止日/期间：2014 年度<br>复核：肖花<br>日期：2015.3.11 | | | | |
|---|---|---|---|---|---|
| 审 计 目 标 | 财务报表的认定 | | | | |
| | 存在 | 完整性 | 权利和义务 | 计价和分摊 | 披露 |
| A. 资产负债表中记录的固定资产是存在的 | √ | | | | |
| B. 所有应当记录的固定资产均已记录 | | √ | | | |
| C. 记录的固定资产由被审计单位所拥有或控制 | | | √ | | |
| D. 固定资产以恰当的金额包括在财务报表中，与之相关的计价调整已恰当记录 | | | | √ | |
| E. 固定资产已按照《企业会计准则》的规定在财务报表中做出了恰当列报 | | | | | √ |

续表

| 审计目标 | 可选择的审计程序 | 是否执行 | 未执行原因 | 索引号 | 存在 | 完整性 | 权利和义务 | 计价和分摊 | 披露 |
| --- | --- | --- | --- | --- | --- | --- | --- | --- | --- |
| D | 获取或编制固定资产明细表，复核加计是否正确，并与总账和明细账合计数核对是否相符，结合累计折旧和固定资产减值准备与报表数核对是否相符 | 是 |  | ZO47-1 |  |  |  | √ |  |
| ABD | 实质性分析程序：分类计算本期计提折旧额与原值的比率，并与上期比较；计算固定资产修理及维护费用占原值的比例，并进行本期各月、本期与以前各期的比较 | 是 |  | ZO47-1 | √ | √ |  |  | √ |
| A | 实地检查重要固定资产，确定其是否存在，关注是否存在已报废但仍未核销的固定资产 | 是 |  | ZO47-3 | √ |  |  |  |  |
| C | 检查固定资产的所有权或控制权，对各类固定资产获取、收集不同的证据，以确定是否归被审计单位所有 | 是 |  | ZO47-1 |  |  | √ |  |  |
| ABCD | 检查本期固定资产的增加：询问管理层当年增加情况，并与获取和编制固定资产明细表进行核对；检查本年度增加的计价是否正确，手续是否齐全，会计处理是否正确 | 是 |  | ZO47-2 | √ | √ | √ | √ |  |
| ABD | 检查本期固定资产的减少，结合固定资产清理科目，抽查固定资产账面转销额是否正确；检查出售、转让、报废或毁损是否经授权和批准；检查因修理、更新改造而停止使用的、投资转出的、债务重组或非货币性资产交换转出的及其他减少固定资产的会计处理是否正确 | 是 |  | ZO47-3 | √ | √ |  | √ |  |
| D | 对应计入固定资产价值的借款费用，应根据《企业会计准则》的规定，结合长短期借款、应付债券和长期应付款的审计，检查借款费用资本化的计算方法和资本化金额，以及会计处理是否正确 | 是 |  | ZO47-1 |  |  |  | √ |  |
| D | 检查计算累计折旧的计提是否正确 | 是 |  | ZO47-2 |  |  |  | √ |  |
| CE | 检查固定资产的抵押、担保情况：结合对银行借款的检查，了解固定资产是否存在重大的抵押、担保情况。如存在，应取证，并做出相应的记录，同时提请被审计单位做恰当披露 | 是 |  | ZO47-3 |  |  | √ |  | √ |
| E | 检查固定资产是否已按规定在财务报表中做出恰当披露 | 是 |  |  |  |  |  |  | √ |
|  | 其他程序（略） |  |  |  |  |  |  |  |  |

## 二、固定资产审计程序及案例分析

审计人员分别实施以下审计程序。

### (一)获取或编制固定资产和累计折旧分类汇总表

检查固定资产分类是否正确,并与总账和明细账合计数核对是否相符,结合累计折旧、减值准备科目与报表数核对是否相符。固定资产及累计折旧明细表又称一览表,是审计固定资产和累计折旧的重要的工作底稿。

审计人员索取固定资产及累计折旧明细表,复核加计是否正确,并与总账和明细账合计数核对。审计人员取得了全部固定资产的明细账,对其进行了复核。经查与明细账、总账核对一致。审计人员还将期初余额与2013年底稿中的审定数予以核定,证实公司已经按照2013年的审计要求予以调整,年初数核对一致。在此基础上,审计人员将明细表内容计入固定资产及累计折旧明细表,如表7-18所示。

学生独立做

请代替审计人员填写下列表格(见表7-18)的其他项目。

**表7-18 固定资产及累计折旧明细表**

被审计单位:正大公司　　索引号:ZO47-1
项目:固定资产累计折旧汇总　　财务报表截止日/期间:2014.12.31
编制:张丰立　　复核:肖花
日期:2015.3.10　　日期:2015.3.11

| 固定资产名称 | 期初余额 | 本期增加 | 本期减少 | 期末余额 | 备注 |
|---|---|---|---|---|---|
| 一、固定资产原值合计 | | | | | |
| 其中:房屋建筑物 | 6 160 000 | 500 000 | | | |
| 办公设备 | 1 950 000 | 113 602 | | | |
| 机器设备 | 4 390 000 | 300 000 | 230 000 | | |
| 二、累计折旧合计 | | | | | |
| 其中:房屋建筑物 | 1 768 000 | 44 240 | | | |
| 办公设备 | 281 000 | 11 700 | 32 500 | | |
| 机器设备 | 1 219 000 | 52 680 | 154 000 | | |
| 三、减值准备合计 | | | | | |
| 其中:房屋建筑物 | | | | | |
| 办公设备 | | | | | |
| 机器设备 | 68 000 | | 81 100.46 | | |
| 四、账面价值合计 | | | | | |
| 其中:房屋建筑物 | | | | | |
| 办公设备 | | | | | |
| 机器设备 | | | | | |

"备注"栏填写固定资产的折旧方法、使用年限、剩余使用年限、残值率和折旧率等。

(二)检查固定资产增加业务

因为固定资产单位价值高,在一个会计期间内固定资产增加是有限的。因此,审计人员对于固定资产的增加要实施详细审计。审计人员在审查固定资产增加时需要注意以下两点。

(1)企业固定资产的增加包括外购、自制自建、投资者转入、更新改造、债务重组增加等多种途径。审计人员通过审阅固定资产明细账、记账凭证及原始凭证,明确固定资产增加的方式。

(2)固定资产增加时入账价值是否正确是实质性测试的重点。根据我国财务会计制度的规定,企业固定资产应当按取得时的实际成本入账。由于固定资产增加有多种方式,其入账价值的构成内容不相同。

## 师生教学做

正大公司 2014 年固定资产增加的业务如下。

(1)4 月 5 日,105 号记账凭证列示自建办公用房 1 栋,已办理竣工决算,达到预定可使用状态,工程成本 300 000 元。

(2)5 月 10 日,68 号记账凭证及相关凭证列示知行公司投入生产用机床 1 台,按公允价值确定固定资产原值 300 000 元,增值税 51 000 元。

(3)9 月 20 日,98 号记账凭证及原始凭证列示购入办公设备空调 20 台,每台 3 500 元,增值税 595 元。

(4)10 月 9 日,57 号记账凭证列示改建工程完工,已办理竣工决算,达到了预定可使用状态,工程成本 20 万元。

(5)12 月 10 日,66 号记账凭证列示购入生产用磨床 1 台,原始价值 148 000 元,增值税 25 160元。

据以填制表 7-19 所示的固定资产增加测试表。

**表 7-19　固定资产增加测试表**

被审计单位:正大公司　　索引号:ZO47-2
项目:固定资产增加测试　　财务报表截止日/期间:2014.12.31
编制:张丰立　　复核:肖花
日期:2015.3.10　　日期:2015.3.11

| 固定资产名称 | 取得日期 | 取得方式 | 固定资产类别 | 增加情况 | | 凭证号 | 核对内容(用“×”“√”表示) | | | | | | |
|---|---|---|---|---|---|---|---|---|---|---|---|---|---|
| | | | | 数量 | 原价 | | 1 | 2 | 3 | 4 | 5 | 6 | 7 |
| | | | | | | | | | | | | | |
| | | | | | | | | | | | | | |
| | | | | | | | | | | | | | |
| | | | | | | | | | | | | | |
| | | | | | | | | | | | | | |

核对内容说明:1.与发票是否一致;2.与付款单据是否一致;3.与购买(或建造)合同是否一致;4.与验收(或评估)报告是否一致;5.与在建工程转出数核对是否一致;6.审批手续是否齐全;7.会计处理是否正确(入账日期与金额)。

审计说明:

审计人员对正大公司2014年度增加的固定资产按表7-19中的内容进行检查、核对，发现以下问题：2014年10月9日57号记账凭证列示改建工程完工，实属管理用办公楼装修装潢的费用支出结转，计入了固定资产的价值，不能同时计提折旧（装修的间隔期为3年，当时确定的固定资产的折旧年限为3年）。

针对上述情况审计人员应当如何处理？

______________________________

______________________________

______________________________

______________________________

______________________________

______________________________

（三）检查固定资产减少业务

固定资产减少主要包括出售、投资转出、报废、毁损、盘亏等。审计固定资产减少的主要目的在于查明已减少的固定资产是否已做适当的会计处理。

## 师生教学做

审计人员在审查正大公司减少的固定资产时，先检查了固定资产减少的相关批准文件，并核对了合同、收款单据等相关凭证。此外，还结合“固定资产清理”和“待处理财产损溢”科目，查验了固定资产账面价值转销情况。被审计单位本期减少固定资产两项。

(1)报废运输卡车1辆，原值14万元，累计折旧12万元。公司对于这一报废的处理是：

借：固定资产清理　　20 000

　累计折旧　　120 000

　贷：固定资产　　140 000

借：营业外支出　　20 000

　贷：固定资产清理　　20 000

(2)报废办公设备1台，原值40 000元，累计折旧8 000元。正大公司账务处理如下：

借：固定资产清理　　32 000

　累计折旧　　8 000

　贷：固定资产　　40 000

借：营业外支出　　32 000

　贷：固定资产清理　　32 000

审计人员调阅了正大公司上述固定资产卡片，发现该报废的办公设备使用才两年且无任何大修记录；同时，询问了相关资产管理人员和财会人员，方知该设备并未报废，实际是将其变卖，所获款项已被有关人员私分，账面上没有出售收入的处理。

依据上述资料编制“固定资产减少测试表”（见表7-20）。

表 7-20 固定资产减少测试表

| 被审计单位:正大公司<br>项目:固定资产减少测试<br>编制:张丰立<br>日期:2015.3.10 | | | | | | 索引号:ZO47-3<br>财务报表截止日/期间:2014.12.31<br>复核:肖花<br>日期:2015.3.11 | | | | | | | | |
|---|---|---|---|---|---|---|---|---|---|---|---|---|---|---|
| 固定资产名称 | 取得日期 | 处置方式 | 处置日期 | 原值 | 累计折旧 | 减值准备 | 账面价值 | 处置收入 | 净损益 | 核对内容(用“×”“√”表示) | | | | |
| | | | | | | | | | | 1 | 2 | 3 | 4 | 5 |
| 卡车 | | 报废 | | 140 000 | 120 000 | | 20 000 | | 20000 | √ | √ | √ | √ | |
| 办公设备 | | 报废 | | 40 000 | 8000 | | 32 000 | | 32000 | √ | √ | √ | × | |
| 核对内容说明:1.与发票是否一致;2.与收款单据是否一致;3.与合同是否一致;4.会计处理是否正确;5.审批手续是否齐全。 | | | | | | | | | | | | | | |
| 审计说明: | | | | | | | | | | | | | | |

### (四)检查固定资产的所有权或控制权

对于企业拥有或控制的固定资产最需要收集的是各种原始凭证,如合同、产权证明书、财产税单、发票等,以确定固定资产确实归企业所有。特别是在初次审计时,审计人员采取各种审计程序和方法,获取充分、适当的审计证据,证明企业固定资产的所有权,并将有关固定资产凭证复印件存入审计永久性档案。具体而言,不同种类的固定资产的所有权证据是不同的,具体包括以下几种。

(1)对外购的机器设备等固定资产,通常经审核采购发票、采购合同等予以确定。

(2)对于房地产类固定资产,需查阅有关的合同、产权证明、财产税单、抵押借款的还款凭据、保险单等书面文件。

(3)对融资租入的固定资产,应验证有关融资租赁合同,证实其并非经营租赁。

(4)对汽车等运输设备,应验证有关运营证件等。

(5)对受留置权限制的固定资产,通常还应审核被审计单位的有关负债等项目予以证实。

### (五)重新计算累计折旧的正确性

重新计算累计折旧的正确性是年度财务报表审计必须进行的审计程序,应结合固定资产实质性测试一并实施。在重新计算累计折旧的正确性时,审计人员应注意两点:确定企业折旧政策和折旧方法的适当性,审查折旧基金范围是否合理。

## 师生教学做

审计人员审计了被审计单位正大公司的产权证书、财产保险单、财产税单、抵押贷款的相关合同等合法文件。对于新增的固定资产,索取了产权证书的副本,同时进一步审阅相关合同、发票、付款凭证,并与财产税单核对。在审计过程中未发现异常。

正大公司的累计折旧期末数为贷方余额 7 392 795 元,为了重新计算其正确性,审计人员采取如下步骤。

(1)获取正大公司的折旧政策和折旧方法。经了解,正大公司固定资产采用直线法计提折旧。

(2)审查折旧计提范围是否合理。审计发现如下问题:办公设备 5 月至 9 月的折旧额明显高于其他月份。结果查出公司所有的夏季空调设备,只按实际使用月份(5 月至 9 月)提取折旧,其他月份未提。因此,少提了 7 个月折旧,少提折旧额为 140 000 元。

针对上述情况,审计人员应如何处理?

______________________________________________

______________________________________________

______________________________________________

______________________________________________

## 三、固定资产及累计折旧审计的综合实训

### 学生独立做

根据"二、固定资产审计程序及案例分析"中的相关数据及问题填制"固定资产及累计折旧审定表"(见表 7-21)。

表 7-21　固定资产及累计折旧审定表

被审计单位:正大公司　　索引号:ZO47

项目:固定资产累计折旧　　财务报表截止日/期间:2014 年度

编制:张丰立　　复核:肖花

日期:2015.3.10　　日期:2015.3.11

| 项目名称 | 期末未审数 | 账项调整 | | 重分类调整 | | 期末审定数 |
|---|---|---|---|---|---|---|
| | | 借方 | 贷方 | 借方 | 贷方 | |
| 报表数 | | | | | | |
| 总账数 | | | | | | |
| 一、固定资产原值合计 | | | | | | |
| 其中:房屋建筑物 | | | | | | |
| 办公设备 | | | | | | |
| 机器设备 | | | | | | |
| 二、累计折旧合计 | | | | | | |
| 其中:房屋建筑物 | | | | | | |
| 办公设备 | | | | | | |
| 机器设备 | | | | | | |
| 三、减值准备合计 | | | | | | |
| 其中:房屋建筑物 | | | | | | |

续表

| 项目名称 | 期末未审数 | 账项调整 | | 重分类调整 | | 期末审定数 |
|---|---|---|---|---|---|---|
| | | 借方 | 贷方 | 借方 | 贷方 | |
| 办公设备 | | | | | | |
| 机器设备 | | | | | | |
| 四、账面价值合计 | | | | | | |
| 其中：房屋建筑物 | | | | | | |
| 办公设备 | | | | | | |
| 机器设备 | | | | | | |
| 调整分录： | | | | | | |
| 内容 | 科目名称 | 金额 | 金额 | 金额 | 金额 | |
| | | | | | | |
| | | | | | | |
| | | | | | | |
| | | | | | | |
| | | | | | | |
| 审计结论： | | | | | | |

# 项目八 销售与收款循环审计

## 任务一　了解销售与收款审计

### 一、企业销售与收款循环的主要业务流程

企业销售与收款循环涉及的主要业务流程如下。

**1. 接受顾客订单**

顾客提出订货单要求是整个销售与收款循环的起点。首先，销售部门的业务员接受顾客订单；其次，经销售经理对顾客订单授权审批，审批订单是否符合企业的销售政策，如是否符合该产品的销售单价、运费支付方式、交货地点、三包承诺等；最后，销售管理部门根据审批后的顾客订单编制连续编号的销售单。很多企业应在接受批准的客户订单之后，编制一式多联的销售单。销售单是证明管理层有关销售交易发生认定的凭证之一，也是代理销售交易轨迹的起点。

**2. 批准赊销信用**

信用管理经理按照赊销政策进行信用批准，复核顾客订单，并在销售单上签字。对于超过单位既定信用政策规定范围的特殊销售交易，企业应当进行集体决策。由信用管理部门负责信用批准，其目的是降低坏账风险。信用管理部门与销售部门不能是同一个部门，要实施职责分离。因此，这些控制与应收账款账面余额的计价和分摊认定有关。

**3. 仓库部门发货**

仓库部门根据已批准的销售单供货，并编制连续编号的出库单，目的是防止仓库在未经授权的情况下擅自发货。因此，已批准销售的销售单一联通常送到仓库，作为仓库按销售单供货和发货给运输部门的授权依据。

**4. 运输部门按销售单装运货物**

运输部门(应与仓库部门分离)按销售单装运货物，在装运之前，要进行独立验证，以确定从仓库提取的商品都附有经批准的销售单，并且，所提取商品的内容与销售单一致。装运凭证是

指一式多联、连续编号的提货单，可由计算机和人工编制。装运凭证是证明销售交易是否发生的另一有效凭据。这一控制与发生认定有关。

**5. 财务部门开具账单**

财务部门开具账单包括编制和向顾客寄送事先连续编号的销售发票。其目的是降低开具账单过程中出现遗漏、重复、错误计价和其他差错的风险。对财务部门开具账单，应设立以下控制程序。

一是开具账单部门的职员在编制每张销售发票之前，独立检查是否存在装运凭证和相应的经批准的销售单，目的是控制发生认定的错误，即确保只对实际装运的货物才开具账单，无重复开具账单和虚构交易。

二是依据已授权批准的商品价目表编制销售发票，目的是控制准确性认定的错误，即确保已授权批准的商品价目表所列价格计价并开具账单。

三是独立检查销售发票计价和计算的正确性，目的是控制准确性认定的错误。

四是将装运凭证上的商品总数与相对应的销售发票上的商品总数进行比较，目的是控制完整性认定的错误，即确保所有装运的货物都开具了账单。

上述控制程序有助于确保用于记录销售交易的销售发票的正确性。因此，这些控制与销售交易的发生、完整性及准确性认定有关。销售发票副联通常由开具账单的部门保管。

**6. 会计部门记录销售**

在手工会计系统中，记录销售的过程包括区分赊销、现销，按销售发票编制记账凭证，再据以登记销售明细账、应收账款明细账、库存现金和银行存款日记账。注册会计师主要关心的问题是销售发票是否记录正确，并归属适当的会计期间。记录销售的控制程序如下。

(1)只依据附有有效装运凭证和销售单的销售发票记录销售。这些装运凭证和销售单应能证明销售交易的发生及其发生的日期，能证明“发生”认定。

(2)控制所有事先连续编号的销售发票，能证明“完整性”认定。

(3)独立检查已处理销售发票上的销售金额同会计记录金额的一致性，能证明“准确性”认定和“计价和分摊”认定。

(4)记录销售的职责应与处理销售交易的其他功能相分离。

(5)对记录过程中所涉及的有关记录的接触予以限制，以减少未经授权批准的记录发生，能证明“发生”认定、“完整性”认定。

(6)定期独立检查应收账款的明细账与总账的一致性，能证明“计价和分摊”认定。

(7)定期向客户寄送对账单，并要求客户将任何例外情况直接向指定的未执行或记录销售交易的会计主管报告。

**7. 办理和记录现金、银行存款收入**

这一活动涉及现销业务中现金和银行存款收入、赊销业务中应收账款的收回记录。在办理和记录现金、银行存款收入时，最担心货币资金失窃的可能性。因此，企业在处理货币资金收入时最重要的是，保证全部货币资金都必须如数及时地登记现金日记账、银行存款日记账和应收账款明细账，并如数及时地将现金存入银行。汇款通知单在这方面起着很重要的作用。

**8. 办理和记录销货退回、销货折扣与折让**

客户如果对商品不满意，销售企业一般都会同意接受退货，或给予一定的销售折让；客户如果提前付款，销售企业则可能给予一定的销售折扣。发生此类事项时，必须经过授权批准，严格使用贷项通知单。

**9. 注销坏账**

如果有确凿证据表明某项应收账款无法收回，经适当审批后注销这笔应收款项，注销坏账要登记被查登记簿，同时会影响计价和分摊的认定。

**10. 提取坏账准备**

企业应合理估计可能发生的坏账损失，计提坏账准备。坏账准备提取的数额必须能够抵补以后无法收回的销货款。

## 二、确定销售与收款循环可能发生错报的环节

注册会计师需要确定和了解销售与收款循环的错报在什么环节发生，即确定被审计单位应在哪些环节设置控制，以防止和发现并纠正各重要交易活动可能发生的错报。部分在销售与收款循环中可能发生错报的环节如表 8-1 所示。

**表 8-1　部分在销售与收款循环中可能发生错报的环节**

| 交易活动 | 可能的错报 | 关键控制点 |
| --- | --- | --- |
| 接受顾客订单 | 可能把商品销售给未经授权的顾客；虚构销售交易 | 确定每位顾客都是已批准的顾客清单上的顾客；每次销售都有已批准的销售单；特殊销售的审批应得到特别授权 |
| 批准赊销信用 | 承担了不适当的信用风险而蒙受损失；可能向没有获得赊销授权或超出了其信用额度的客户赊销 | 信用部门须对所有新顾客做信用调查；在销售前，检查顾客的信用额度；要求被授权的信用部门人员在销售单上签字 |
| 按销货单发货、装运 | 可能有未经授权发出、装运的货物；发出、装运的货物可能与订购货物不符 | 按照经批准的销售单发货、装运货物；装运部门与发货部门职责要分离 |
| 向顾客开具发票 | 可能对虚构的交易开发票和重复开发票；销售发票可能计价错误 | 每张销售发票要有与之相匹配的销售单；有独立人员对销售发票进行内部核查 |
| 记录销售业务 | 发票可能未入账；可能未进入恰当的账户；可能未进入适当的会计期间 | 销售发票与销售明细账金额一致；赊销单据与应收账款明细账金额一致；每月定期给顾客寄对账单 |

## 三、识别和了解相关控制

注册会计师通过检查被审计单位相关控制手册和其他书面指引、询问各部门的相关人员、观察操作流程等方式，并利用文字表述法、调查表法、流程图法等对销售与收款的交易流程进行了解。

### 四、穿行测试

注册会计师应当选一笔或几笔销售与收款交易进行穿行测试。例如,针对销售交易,追踪从订单处理、核准信息状况、填写订单并准备发货、开具销售发票、复核发票的准确性、生成记账凭证到过账至应收账款、主营业务收入明细账和总账的整个交易流程,以证实对交易流程和相关控制的了解是否正确和完整,并确定相关控制是否得到执行。

### 五、初步评估和风险评估

在确定了被审计单位的销售与收款内部控制可能存在的薄弱环节,并且对其控制风险做出评价后,注册会计师应当对被审计单位的重大错报风险做出评估,以确定进一步审计程序的性质、时间和范围。如果被审计单位的相关内部控制不存在,或者被审计单位的相关内部控制未得到有效执行,则注册会计师不应再继续实施控制测试,而应直接实施实质性程序。

# 任务二　营业收入审计

### 一、营业收入审计的任务准备

会计师事务所接受委托于2015年3月10日正大公司2014年度财务报表进行的审计,注册会计师负责营业收入的审计,实施了审阅、核对、函证等程序,编制的营业收入工作表目录如表8-2所示。

表8-2　营业收入工作表目录

| 编　号 | 项目名称 | 工作底稿名称 | 索引号 |
|---|---|---|---|
| 1 | 营业收入 | 营业收入程序表 | SA61-1 |
| 2 | 营业收入 | 营业收入明细表 | SA61-0 |
| 3 | 营业收入 | 产品销售分析表 | SA61-1-1 |
| 4 | 营业收入 | 收入截止测试表 | SA61-3 |
| 5 | 营业收入 | 收入确认原则检查表 | SA61-2 |
| 6 | 营业收入 | 审定表 | SA61 |

注册会计师在审计实务中根据正大公司销售与收款循环业务的不同特点和情况,在营业收入舞弊假设的背景下,所做报表项目的认定主要是证明营业收入发生、截止、准确性的认定,以工作底稿的形式将营业收入实质性程序及审计目标的关系进行列示,如表8-3所示。

**表 8-3　营业收入实质性程序表**

| 被审计单位：正大公司 | 索引号：SA61-1 |
|---|---|
| 项目：营业收入实质性程序 | 财务报表截止日/期间：2014 年度 |
| 编制：张丰立 | 复核：肖花 |
| 日期：2015.3.10 | 日期：2015.3.11 |

| 审计目标 | 财务报表认定 | | | | | |
|---|---|---|---|---|---|---|
| | 存在 | 完整性 | 准确性 | 截止 | 分类 | 披露 |
| A. 利润表中记录的营业收入已发生，且与被审计单位有关 | √ | | | | | |
| B. 所有应当记录的营业收入均已记录 | | √ | | | | |
| C. 与营业收入有关的金额及其他数据已恰当记录 | | | √ | | | |
| D. 营业收入已记录于正确的会计期间 | | | | √ | | |
| E. 营业收入已记录于恰当的账户 | | | | | √ | |
| F. 营业收入已按照企业会计准则规定在财务报表中做出恰当的列报 | | | | | | √ |

可选择的实质性程序

| 审计目标 | 可供选择的审计程序 | 是否执行 | 索引号 | 存在 | 完整性 | 准确性 | 截止 | 分类 | 披露 |
|---|---|---|---|---|---|---|---|---|---|
| C | 获取或编制主营业务收入明细表：复核加计是否正确，并与总账数和明细账合计数核对是否相符，结合其他业务收入科目与报表数核对是否相符；检查以非记账本位币结算的主营业务收入的折算汇率及折算是否正确 | 是 | SA61-0 | | | | √ | | |
| ABC | 实质性分析程序 | 是 | SA61-1 | | √ | √ | √ | | |
| ABCD | 检查主营业务收入的确认条件、方法是否符合《企业会计准则》，前后期是否一致；关注周期性、偶然性的收入是否符合既定的收入确认原则、方法 | 是 | SA61-2 | | √ | √ | √ | √ | |
| ACD | 抽取本期一定数量的记账凭证，审查入账日期、品名、数量、单价、金额等是否与发票、发货单、销售合同等一致 | | SA61-1-1 | | √ | | √ | √ | |
| D | 销售的截止测试 | | SA61-3 | | | | | √ | |
| F | 检查营业收入是否已按照《企业会计准则》的规定在财务报表中做出恰当列报 | | SA61 | | | | | | √ |
| | 其他程序（略） | | | | | | | | |

## 二、营业收入审计过程及分析

### (一)获取或编制主营业务收入明细表

营业收入审计实务中,审计人员应要求企业编制并提供主营业务收入明细表,作为主营业务收入总账、明细账的具体说明,同时,应将主营业务收入明细表余额与相关的总账数加以核对,以证实账账、账表是否相符。

正大公司提供了2014年度营业收入明细表,审计人员复核加计正确,并与营业收入总账、明细账核对,未见异常。审计人员查阅了营业收入明细表,编制了工作底稿的部分内容,如表8-4所示。

**表8-4 营业收入明细表**

| 被审计单位:正大公司<br>项目:营业收入明细<br>编制:张丰立<br>日期:2015.3.10 | | | 索引号:SA61-0<br>财务报表截止日/期间:2014年度<br>复核:肖花<br>日期:2015.3.11 | | |
|---|---|---|---|---|---|
| 科目名称 | 借或贷 | 期初余额 | 借方 | 贷方 | 期末余额 |
| 一、主营业务收入 | | 0 | 8 205 660 | 8 205 660 | |
| 钻床 | | 0 | 4 974 460 | 4 974 460 | 0 |
| 车床 | | 0 | 1 878 600 | 1 878 600 | 0 |
| 磨床 | | 0 | 1 352 600 | 1 352 600 | 0 |
| 二、其他业务收入 | | 0 | 230 456 | 230 456 | |
| 运输服务 | | 0 | 230 456 | 230 456 | 0 |

### (二)运用分析程序进行比较分析

由于企业的主营业务收入数额较大,审计人员为了从总体上把握企业收入确认的真实性,一般先要对收入实施分析程序,初步确定收入审计的重点领域,查明哪些产品在哪些月份的收入显示可能不正常,然后结合细节测试方法,对存在重大错报领域实施进一步审计程序,以发现可能存在的错报项目。在营业收入审计中常用的分析程序如下。

(1)将本期的主营业务收入实际数与上期的实际数进行比较,分析产品销售结构和价格变动是否异常,并分析异常变动原因。

(2)计算本期重要产品的毛利率,与上期比较,检查各期之间是否存在重大波动,查明原因。

(3)比较本期各月各类主营业务收入的波动情况,分析其变动趋势是否正常,是否符合被审计单位季节性、周期性生产的经营规律,查明异常现象和重大波动的原因。

(4)将本期重要产品的毛利率与同行业企业进行对比分析,检查是否存在异常。

(5)根据增值税发票申报表或普通发票,估算全年收入,并与实际收入相比较。

(6)根据产品生产能力、仓储能力和运输能力,材料采购数量及单位产品材料耗用定额,生产工人数量、生产工时及劳动生产率分析产品产量和销售量的合理性,并查明异常原因。

## 师生教学做

注册会计师对正大公司2014年度利润表中的营业收入进行审计时发现，该公司2014年度并未发生购并、分立和债务重组行为，供产销形势与2013年度相当。该公司提供的未经审计的2014年度合并财务报表附注部分内容如表8-5所示。

**表8-5　产品销售分析表**

<table>
<tr><td colspan="5">被审计单位：正大公司<br>项目：产品销售分析<br>编制：张丰立<br>日期：2015.3.10</td><td colspan="8">索引号：Y003<br>财务报表截止日/期间：2014年度<br>复核：肖花<br>日期：2015.3.11</td></tr>
<tr><td rowspan="2">产品名称</td><td colspan="4">2014年发生额</td><td colspan="4">2013年发生额</td><td colspan="4">变动幅度</td></tr>
<tr><td>数量</td><td>主营业务收入</td><td>主营业务成本</td><td>毛利率</td><td>数量</td><td>主营业务收入</td><td>主营业务成本</td><td>毛利率</td><td>数量</td><td>主营业务收入</td><td>主营业务成本</td><td>毛利率</td></tr>
<tr><td>钻床</td><td>24</td><td>4 100 000</td><td>3 380 000</td><td></td><td>24</td><td>4 000 000</td><td>3 800 000</td><td></td><td></td><td></td><td></td><td></td></tr>
<tr><td>磨床</td><td>16</td><td>2 002 000</td><td>1 901 900</td><td></td><td>14</td><td>2 000 000</td><td>1 900 000</td><td></td><td></td><td></td><td></td><td></td></tr>
<tr><td>合计</td><td>40</td><td>6 102 000</td><td>5 281 900</td><td></td><td>38</td><td>6 000 000</td><td>5 700 000</td><td></td><td></td><td></td><td></td><td></td></tr>
<tr><td colspan="13">审计说明：<br><br>审计意见：</td></tr>
</table>

要求：

(1)完成表8-5中其他数据的填写；

(2)在表中“审计说明”后写出表中的不合理处并说明理由；

(3)表中“审计意见”后写出处理意见。

### (三)测试主营业务收入的真实性

审计人员测试主营业务是否真实、合法，主要是按照《企业会计准则第14号——收入》的要求，具体来说，按被审计单位采取销售方式和结算方式加以确认销售。

(1)采用交款提货方式。通常应于货款已收到或取得收取货款的权利，同时已将发票账单和提货单交给购货单位时确认收入的实现。对此审计人员应重点检查被审计单位是否收到货款，发票账单和提货单是否已交付购货单位；是否存在将当期收入转入下期入账的现象，或已虚记收入开具假发票，虚列购货单位，将当期未实现的收入虚转为收入记账，在下期予以冲销的现象。

(2)采用预收账款销售方式。通常应于商品已经发出时确认收入的实现。对此，审计人员应重点检查被审计单位是否收到了货款，商品是否发运，应注意是否存在对已收货款并已将货物发出的交易不入账、转为下期收入，或开具虚假出库凭证、虚增收入等现象。

(3)采用托收承付结算方式。通常应于商品已经发运，劳务已经提供，并已将发票、账单提交银行并办妥收款手续时确认收入的实现。对此，审计人员应重点检查被审计单位是否发货。

(4)采用支票、商业汇票和信用证等结算方式销售商品的,应在产品发出时确认收入实现。

审计人员询问了销售流程,确认了收入实现方式,并选取样本与主营业务收入的原始凭证核对,确定收入是否真实。在审查过程中,审计人员应重点选取重大错报风险的项目和发生金额较大的业务,编制的审核工作底稿如表 8-6 所示。

**表 8-6　收入确认原则检查表**

| 被审计单位:正大公司<br>项目:收入确认原则检查<br>编制:张丰立<br>日期:2015.3.10 | 索引号:SA61-2<br>财务报表截止日/期间:2014 年度<br>复核:肖花<br>日期:2015.3.11 |
|---|---|
| 一、销售商品收入的确认原则<br>(1)企业已将商品所有权上的主要风险和报酬转移给了购货方。<br>(2)企业既没有保留通常与所有权相联系的继续管理权,也没有对已售出的商品实施控制。<br>(3)收入的金额能够可靠地计量。<br>(4)相关的经济利益很可能流入企业。<br>(5)相关的已发生或将发生的成本能够可靠地计量。<br>正大公司的销售结算方式有两种:托收承付与预收款。大宗业务采用预收账款方式,中小业务采用托收承付方式。 | |
| 二、销售业务及收入确认流程<br>预收账款方式下:<br>1.接受订单;<br>2.收到预收账款,组织生产,按期发货;<br>3.收回余款。 | 托收承付方式下:<br>1.接受订单;<br>2.组织生产,发票账单提交银行,办妥收款手续;<br>3.回收货款。 |
| 三、收入循环的控制测试<br>见控制测试的工作底稿。 | |
| 四、审计结论<br>收入原则符合《企业会计准则》的要求。 | |

### (四)实施主营业务收入截止测试

截止测试是主营业务收入审计中常见的一种技术手段,其主要目的是确定被审计单位主营业务收入的会计记录归属期是否正确,即是否有应计入本期的被推迟至下期,或者应计入下期的是否提前至本期。

(1)截止测试审查的三个关键日期:一是发票开具日期或者收款日期;二是记账日期;三是发货日期。截止测试的审查关键是检查三个日期是否归属于同一适当的会计期间。

(2)截止测试的三条审计线路如下。

线路一,以账簿记录为起点。从报表日前后若干天的账簿记录查至记账凭证,检查发票存根与发运凭证,目的是证实已入账收入是否在同一期间已开具发票并发货,有无多记收入。使用这种方法主要是为了防止多计主营业务收入。

线路二,以销售发票为起点。从报表日前后若干天的发票存根查至发运凭证与账簿记录,确定已开具发票的货物是否已发货并于同一会计期间确认收入。具体做法是抽取在报表日前后使用的若干张发票存根，追查至发运凭证和账簿记录，查明有无漏记收入现象。使用这种方法主要是为了防止少计主营业务收入。

线路三，以发运凭证为起点。从报表日前后若干天的发运凭证查至发票开具情况与账簿记录，确定主营业务收入是否已记入恰当的会计期间。使用这种方法主要也是为了防止少计主营业务收入。

上述三条审计线路在实务中均被广泛采用，它们并不是孤立的，注册会计师可以考虑在同一被审计单位财务报表审计中并用这三条线路，甚至可以在同一主营业务收入科目审计中并用。在审计实务中，管理层意图各不相同，有的为了完成利润目标，更多地享受税收等优惠政策，便于筹资等目的，可能会多记收入；有的则为了以丰补歉、留有余地、推迟缴税时间等目的而少记收入。因此，注册会计师应当凭借专业经验和掌握的信息选择其中的一条或两条线路实施更有效的收入测试。

## 师生教学做

审计人员对正大公司 2014 年度财务报表的审计中，通过多种分析程序后判断正大公司可能多记收入。因此，可采用从账簿记录查起的收入截止测试线路。审计人员查阅了 2014 年 12 月 31 日前后 5 笔业务(报表日前 3 笔业务，报表日后 2 笔业务)。正大公司部分收入明细账如表 8-7 和表 8-8 所示。

**表 8-7　正大公司 2014 年 12 月收入明细账**　　单位:元

| 月 | 日 | 凭证号 | 摘　　要 | 对方科目 | 借方 | 贷方 | 借或贷 | 余额 |
|---|---|---|---|---|---|---|---|---|
| 12 | 31 | 025 | 购长春机电公司车床 | 预收账款 | | 423 000 | 贷 | |
| 12 | 31 | 036 | 购大连机电公司车床 | 预收账款 | | 423 000 | 贷 | |
| 12 | 31 | 057 | 购大连机电公司磨床 | 预收账款 | | 140 000 | 贷 | |
| 12 | 31 | 066 | 购鞍山机电公司车床 | 预收账款 | | 126 900 | 贷 | |
| 12 | 31 | 078 | 购大众贸易公司车床 | 预收账款 | | 260 000 | 贷 | |
| 12 | 31 | 090 | 购长春汽配公司车床 | 预收账款 | | 846 000 | 贷 | |
| 12 | 31 | 102 | 购长春汽配公司磨床 | 预收账款 | | 280 000 | 贷 | 3 519 900 |
| 12 | 31 | | 结转收入 | | 3 519 900 | 3 519 900 | 平 | |
| | | | 本月合计 | | 3 519 900 | 3 519 900 | | |

**表 8-8　正大公司 2015 年 1 月收入明细账**　　单位:元

| 月 | 日 | 凭证号 | 摘　　要 | 对方科目 | 借方 | 贷方 | 借或贷 | 余额 |
|---|---|---|---|---|---|---|---|---|
| 1 | 5 | 081 | 购正大机电公司车床 | 预收账款 | | 520 000 | 贷 | |
| 1 | 8 | 082 | 购大连市机床厂车床 | 预收账款 | | 56 000 | 贷 | |
| 1 | 14 | 083 | 购大连市重型机械厂磨床 | 预收账款 | | 120 000 | 贷 | |
| 1 | 18 | 084 | 购沈阳机电公司车床 | 预收账款 | | 126 900 | 贷 | |
| | | | …… | | | | | |

审计人员对选出的每笔业务追查至销售发票、发运凭证，并检查发货日期、开票日期、记账日期是否在同一会计期间，结果如表 8-9 所示。

**表 8-9　主营业务收入截止测试表**

<table>
<tr><td colspan="7">被审计单位：正大公司</td><td colspan="6">索引号：SA61-3</td></tr>
<tr><td colspan="7">项目：营业收入截止测试</td><td colspan="6">财务报表截止日/期间：2014 年度</td></tr>
<tr><td colspan="7">编制：张丰立</td><td colspan="6">复核：肖花</td></tr>
<tr><td colspan="7">日期：2015.1.20</td><td colspan="6">日期：2015.1.21</td></tr>
<tr><td rowspan="2">编号</td><td colspan="2">发货单</td><td colspan="5">发票内容</td><td colspan="4">明细账</td><td rowspan="2">是否跨期</td></tr>
<tr><td>日期</td><td>号码</td><td>日期</td><td>客户名称</td><td>货物名称</td><td>销售额</td><td>税额</td><td>日期</td><td>凭证号</td><td>主营业务收入</td><td>应交税金</td></tr>
<tr><td>1</td><td>12.30</td><td>0552</td><td>1.12</td><td>大连机电公司</td><td>车床</td><td>423 000</td><td>71 910</td><td>12.31</td><td>023</td><td>423 000</td><td>71 910</td><td>是</td></tr>
<tr><td>2</td><td>12.30</td><td>0576</td><td>1.12</td><td>大连机电公司</td><td>磨床</td><td>140 000</td><td>23 800</td><td>12.31</td><td>024</td><td>140 000</td><td>23 800</td><td>是</td></tr>
<tr><td>3</td><td>12.30</td><td>0583</td><td>12.30</td><td>长春机电公司</td><td>车床</td><td>423 000</td><td>71 910</td><td>12.31</td><td>030</td><td>423 000</td><td>71 900</td><td>否</td></tr>
<tr><td colspan="13">截止日前</td></tr>
<tr><td colspan="13">截止日期：2014.12.31</td></tr>
<tr><td colspan="13">截止日后</td></tr>
<tr><td>1</td><td>1.5</td><td>0621</td><td>1.8</td><td>正大机电公司</td><td>车床</td><td>520 000</td><td>88 400</td><td>1.2</td><td>015</td><td>520 000</td><td>88 400</td><td>否</td></tr>
<tr><td>2</td><td>1.5</td><td>0630</td><td>1.9</td><td>大连机电公司</td><td>车床</td><td>120 000</td><td>20 400</td><td>1.5</td><td>016</td><td>120 000</td><td>20 400</td><td>否</td></tr>
<tr><td></td><td></td><td></td><td></td><td></td><td></td><td></td><td></td><td></td><td></td><td></td><td></td><td></td></tr>
</table>

要求：根据表 8-9 分析正大公司销售业务是否存在截止错误。

## 三、营业收入审计综合实训

### 学生独立做

审计人员于 2015 年 2 月 15 日在审计正大公司 2014 年度主营业务收入时发现下列凭证（见表 8-10 至表 8-13），记录了该公司一笔销售业务。审计人员未发现其他销售业务存在有问题的账务处理。要求据以编制营业收入审定表（见表 8-14）。

**表 8-10　记账凭证**

2014 年 12 月 31 日　　　　凭证编号:25 号

| 摘　　要 | 科　　目 | | 借方金额 | 贷方金额 | √ |
|---|---|---|---|---|---|
| | 总账科目 | 明细科目 | | | |
| 销售机床及代垫运费 | 应收账款 | 大连机电公司 | 660 000 | | √ |
| | 主营业务收入 | 车床 | | 423 000 | √ |
| | 主营业务收入 | 磨床 | | 140 000 | √ |
| | 应交税费 | 应交增值税(销项税额) | | 95 710 | √ |
| | 银行存款 | 工商银行 | | 1 290 | √ |
| 合　　计 | | | ￥660 000 | ￥660 000 | |

附单据 3 张

会计主管:胡钢　　记账:李磊　　出纳:阿尔法　　复核:王双杠　　制单:钱碟

**表 8-11　增值税专用发票**　　　　NO. 002784736

发票联

4471515022　　　　开票日期:2015 年 1 月 2 日

| 购货单位 | 名称:大连机电公司<br>纳税人识别号:420110842903788<br>地址:大连市滨海路 100 号<br>电话:0411-66688886<br>开户行及账号:工商银行南街办事处 123412 | 密码区 | 125789213332145654154789＊8412<br>＊236546D12456W63278922546210<br>0T31＊554＊＊FER12546K247169<br>G12347D458H24796500125005547 |
|---|---|---|---|

| 货物或应税劳务名称 | 规格型号 | 单位 | 数量 | 单价 | 金额 | 税率 | 税额 |
|---|---|---|---|---|---|---|---|
| 车床 | | 台 | 10 | 42 300.00 | 423 000.00 | 17% | 71 910.00 |
| 磨床 | | 台 | 5 | 28 000.00 | 140 000.00 | 17% | 23 800.00 |
| 合计 | | | | | ￥563 000.00 | | ￥95 710.00 |

价税合计(人民币大写)陆佰肆拾伍万贰仟元整　　(小写)￥658 710.00

| 销货单位 | 名称:正大公司<br>纳税人识别号:3002000050006<br>地址:五七路 285 号<br>电话:02786865521<br>开户行及账号:中国工商银行虎泉支行 3245612 | 备注:已办理托收手续。<br>正大公司<br>发票专用章 |
|---|---|---|

第四联　记账联　销货方记账凭

收款人:陈铁良　　复核:张小冰　　开票人:柴然述　　销货单位(章):

**表 8-12 托收凭证(受理回单)**

委托号码:第 021457 号

委托日期:2015 年 1 月 3 日

| 业务类型 | | 委托收款(□邮划、□电划) 托收承付(□邮划、□电划) | | | |
|---|---|---|---|---|---|
| 付款人 | 全　称 | 大连机电公司 | 收款人 | 全　称 | 正大公司 |
| | 账　号 | 101123456123 | | 账　号 | 563215892566 |
| | 开户银行 | 工商银行南街办事处 | | 开户银行 | 工商银行虎泉支行 |

| 委收金额 | 人民币(大写):陆拾陆万元整 | 千 | 百 | 十 | 万 | 千 | 百 | 十 | 元 | 角 | 分 |
|---|---|---|---|---|---|---|---|---|---|---|---|
| | | | | 6 | 6 | 0 | 0 | 0 | 0 | 0 | 0 |

| 款项内容 | 货款 | 委托收款凭据名称 | 增值税专用发票 | 附寄单证张数 | 3 |
|---|---|---|---|---|---|

| 备注:销售车床 20 台及磨床 10 台,代垫运费<br>复核　　记账 | 款项收妥日期<br>年　月　日 | 收款人开户银行签章<br>中国工商银行 虎泉支行<br>2015 年 1 月 3 日 |
|---|---|---|

**表 8-13 工商银行支票存根**

中国工商银行

转账支票存根

号码:01245684148

附加信息

出票日期　2014 年 12 月 31 日

| 收款人:运输公司 |
|---|
| 金额:1 290.00 |
| 用途:代垫运杂费 |

单位主管:胡钢　　会计:钱碟

**表 8-14 营业收入审定表**

被审计单位:　　　　索引号:　SA61

项目:　　　　财务报表截止日期/期间:

编制:　　　　复核:

日期:　　　　日期:

| 项 目 名 称 | 本期未审数 | 账项调整 | | 重分类调整 | | 本期审定数 |
|---|---|---|---|---|---|---|
| | | 借方 | 贷方 | 借方 | 贷方 | |
| 一、主营业务收入 | | | | | | |
| 车床 | 8 508 500 | | | | | |
| 磨床 | 5 000 000 | | | | | |

续表

| 项目名称 | 本期未审数 | 账项调整 | | 重分类调整 | | 本期审定数 |
|---|---|---|---|---|---|---|
| | | 借方 | 贷方 | 借方 | 贷方 | |
| 钻床 | 1508 500 | | | | | |
| 小计 | | | | | | |
| 二、其他业务收入 | | | | | | |
| 运输服务 | 318 120 | | | | | |
| 营业收入合计 | | | | | | |
| 调整分录： | | | | | | |
| 内容 | 科目名称 | 金额 | 金额 | 金额 | 金额 | |
| | | | | | | |
| | | | | | | |
| | | | | | | |
| | | | | | | |
| | | | | | | |
| 审计结论： | | | | | | |

# 任务三　应收账款审计

## 一、应收账款审计的任务准备

会计师事务所接受委托，于2015年3月10日对正大公司2014年度财务报表进行鉴证业务，依据《审计准则》和正大公司2014年度财务报表审计的具体实施方案，注册会计师对资产负债表中的应收账款进行审计。注册会计师实施了询问、审阅、函证和重新计算等程序，为了便于对应收账款审计工作过程和内容的理解、掌握和实务操作，编制了表8-15所示的应收账款工作底稿目录。根据审计实务要求，将应收账款审计的实质性程序与审计目标的关系以工作底稿的形式列示，如应收账款实质性程序表如表8-16所示。

**表8-15　应收账款工作底稿目录**

| 编　号 | 项目名称 | 工作底稿名称 | 索引号 |
|---|---|---|---|
| 1 | 应收账款 | 应收账款实质性程序表 | ZD42-0 |
| 2 | 应收账款 | 应收账款明细表 | ZD42-1 |
| 3 | 应收账款 | 应收账款账龄分析表 | ZD42-1-1 |
| 4 | 应收账款 | 函证结果分析表 | ZD42-2 |
| 5 | 应收账款 | 未回函替代测试表 | ZD42-2-1 |
| 6 | 应收账款 | 应收账款审定表 | ZD42 |

**表 8-16　应收账款实质性程序表**

<table>
<tr><td colspan="2">被审计单位:正大公司<br>项目:应收账款实质性程序<br>编制:张丰立<br>日期:2015.3.10</td><td colspan="5">索引号:ZD42-0<br>财务报表截止日/期间:2014 年 12 月 31 日<br>复核:肖花<br>日期:2015.3.11</td></tr>
<tr><td colspan="2" rowspan="2">审 计 目 标</td><td colspan="5">财务报表认定</td></tr>
<tr><td>存在</td><td>完整性</td><td>权利和义务</td><td>计价和分摊</td><td>披露</td></tr>
<tr><td colspan="2">A. 资产负债表中记录的应收账款是存在的</td><td>√</td><td></td><td></td><td></td><td></td></tr>
<tr><td colspan="2">B. 所有应当记录的应收账款均已记录</td><td></td><td>√</td><td></td><td></td><td></td></tr>
<tr><td colspan="2">C. 记录的应收账款由被审计单位拥有或控制</td><td></td><td></td><td>√</td><td></td><td></td></tr>
<tr><td colspan="2">D. 应收账款以恰当的金额包括在财务报表中,与之相关的计价调整已恰当记录</td><td></td><td></td><td></td><td>√</td><td></td></tr>
<tr><td colspan="2">E. 应收账款已按照《企业会计准则》的规定在财务报表中做出恰当的列报</td><td></td><td></td><td></td><td></td><td>√</td></tr>
</table>

<table>
<tr><td colspan="10">可选择的实质性程序</td></tr>
<tr><td>审计目标</td><td>可供选择的审计程序</td><td>是否执行</td><td>未执行原因</td><td>索引号</td><td>存在</td><td>完整性</td><td>权利和义务</td><td>计价和分摊</td><td>披露</td></tr>
<tr><td>D</td><td>获取或编制应收账款明细表:复核加计是否正确,并与总账数和明细账合计数核对是否相符,结合坏账准备科目与报表数核对是否相符;检查非记账本位币结算的应收账款的折算汇率及折算是否正确</td><td>是</td><td></td><td>ZD42-1</td><td></td><td></td><td></td><td>√</td><td></td></tr>
<tr><td>D</td><td>获取或编制应收账款账龄分析表:测试计算的准确性,并将其合计数与应收账款总分类账余额相比较,并调查重大调节项目</td><td>是</td><td></td><td>ZD42-1-1</td><td></td><td></td><td></td><td>√</td><td></td></tr>
<tr><td>ACD</td><td>对应收账款进行函证</td><td>是</td><td></td><td>ZD42-2</td><td>√</td><td></td><td>√</td><td>√</td><td></td></tr>
<tr><td>A</td><td>对未函证应收账款实施替代审计程序,抽查有关原始凭证,如销售合同、订单及发票副本、发运凭证及回款单据等,以验证与其相关的应收账款的真实性</td><td>是</td><td></td><td>ZD42-2-1</td><td>√</td><td></td><td></td><td></td><td></td></tr>
</table>

续表

| 审计目标 | 可供选择的审计程序 | 是否执行 | 未执行原因 | 索引号 | 存在 | 完整性 | 权利和义务 | 计价和分摊 | 披露 |
|---|---|---|---|---|---|---|---|---|---|
| A | 抽查有无不属于结算业务的债权：抽查应收账款明细账，并追查至有关原始凭证，查证被审计单位有无不属于结算业务的债权，如有，应建议被审计单位做适当调整 | 是 | | ZD42 | √ | | | | |
| D | 检查应收账款中是否存在债权人破产或死亡，以其破产或遗产清偿后仍无法收回，或者债务人长期未履行偿债义务的情况。如存在，应提请被审计单位处理 | 是 | | ZD42 | | | | √ | |
| C | 检查银行存款和银行贷款等询证函的回函、会议纪要和其他文件，确定应收账款是否已被质押或出售 | 是 | | ZD42 | | | √ | | |
| E | 检查应收账款是否已按照《企业会计准则》的规定在财务报表中做出恰当披露 | 是 | | ZD42 | | | | | √ |
| | 其他程序（略） | | | | | | | | |

## 二、应收账款审计过程及分析

注册会计师分别对正大公司实施了以下审计程序。

### （一）获取或自行编制应收账款明细表

审计人员对相关账表复核加计，并与总账数和明细账合计数核对是否相符，结合坏账准备科目与报表数进行核对。应当注意，应收账款报表数是企业因销售商品、提供劳务等应向购买单位收取的各种款项减去已计提的相应的坏账准备后的净额。因此，其报表数应同应收账款总账数和明细账数分别减去与之相应的坏账准备总账数与明细账数后的余额核对相符。我国审计准则规定，应收账款明细账的余额一般在借方。如果发现其有贷方余额的情况，应查明原因，必要时做重分类调整。

审计人员从正大公司计算机上直接下载了1—12月的应收账款科目余额表，应收账款共60户，从中选取大额的和异常的12户，记录于工作底稿，如表8-17所示。审计人员注意到应收账款明细账中有两个账户存在贷方余额，抽取部分业务审阅，发现均属于销售业务。

表 8-17　函证应收账款明细账

| 被审计单位：正大公司 | | | | 索引号：ZD42-1 | | |
|---|---|---|---|---|---|---|
| 项目：函证应收账款明细账 | | | | 财务报表截止日/期间：2014 年 12 月 31 日 | | |
| 编制：张丰立 | | | | 复核：肖花 | | |
| 日期：2015.3.10 | | | | 日期：2015.3.11 | | |
| 明细账户 | 期初余额 | | 本期发生额 | | 期末余额 | |
| | 借方 | 贷方 | 借方 | 贷方 | 借方 | 贷方 |
| 报表数 | 1 491 500 | | 1 416 000 | 1 465 200 | 1 442 300 | |
| 总账数 | 1 491 500 | | 1 416 000 | 1 465 200 | 1 442 300 | |
| 函证应收账款明细： | | | | | | |
| 长春机电公司 | 150 000 | | 140 000 | 42 000 | 248 000 | |
| 大连机电公司 | 244 900 | | 290 000 | 270 000 | 264 900 | |
| 鞍山机电公司 | 153 000 | | 230 000 | 130 000 | 253 000 | |
| 大众贸易公司 | 149 000 | | 145 000 | 185 000 | 109 000 | |
| 南方机电公司 | 180 000 | | 20 000 | 20 000 | 180 000 | |
| 大连起重机械公司 | 157 000 | | 24 000 | 19 000 | 162 000 | |
| 沈阳机电公司 | 97 600 | | 189 000 | 62 000 | 224 600 | |
| 上海机电公司 | 100 000 | | 48 000 | 40 000 | 108 000 | |
| 郑州宏基公司 | 50 000 | | 50 000 | 209 600 | | 109 600 |
| 太原嘉禾公司 | 60 000 | | 40 000 | 247 600 | | 147 600 |
| 长春汽配公司 | 150 000 | | | | 150 000 | |
| 滨江机床公司 | 0 | | 240 000 | 240 000 | 0 | |

### （二）获取和编制应收账款账龄及坏账准备分析表

审计人员应对一年及一年以上的户名及金额进行核对，同时结合上年底稿，对一年以上的应收账款的账龄分析，以便了解应收账款的可收回性、坏账准备计提的充分性。审计人员再利用上年底稿，确定两年以上的账龄应收账款余额，找出差异原因。

审计人员在前期的审计调查阶段，对正大公司的内部控制评价为中等水平。按照年度财务报表审计工作要求，审计人员对应收账款的账龄和坏账准备进行分析，指出应收账款排在前十位的债务人，同时单独编制了应收账款账龄及坏账准备分析表，如表 8-18 所示。

**表 8-18　应收账款账龄及坏账准备分析表**

| 被审计单位:正大公司<br>项目:应收账款账龄及坏账分析<br>编制:张丰立<br>日期:2015.3.10 | | 索引号:S003<br>财务报表截止日/期间:2014 年度<br>复核:肖花<br>日期:2015.3.11 | | |
|---|---|---|---|---|
| 账　　龄 | 期 末 余 额 | | | |
| | 金额 | 占总额的比例 | 坏账准备的计提比例 | 坏账准备 |
| 1 年以内 | 1 085 560 | 70% | 3% | 32 566.8 |
| 1～2 年 | 232 620 | 15% | 5% | 11 631 |
| 2～3 年 | 155 080 | 10% | 10% | 15 508 |
| 3 年以上 | 77 540 | 5% | 20% | 15 508 |
| 合计 | 1 550 800 | 100% | 平均 9.5% | 75 213.8 |

(三)向债务人函证应收账款

函证应收账款是注册会计师直接发给被审计单位的债务人,要求核实被审计单位应收账款的记录是否正确的一种审计方法,是注册会计师获取和评价审计证据的过程。函证应收账款的目的在于证实应收账款账户余额的真实性、正确性,防止被审计单位及其有关人员在销售交易中发生错误和舞弊行为。通过函证应收账款,可以比较有效地证明被询证者(债务人)的存在或被审计记录的可靠性。

我国审计准则规定,除非有充分证据证明应收账款对财务报表不重要和函证很可能无效,否则,应对应收账款进行函证。如果不对应收账款进行函证,应在工作底稿中说明理由。如果认为函证很可能无效,应当实施替代审计程序,获取充分、适当的审计证据。

**1. 确定函证的范围和对象**

函证数量的多少、范围的大小是由诸多因素决定的,主要包括如下几个方面。一是应收账款在全部资产中的重要性。如果应收账款在全部资产中所占的比重比较大,则函证的范围应相应大一些。二是被审计单位内部控制的强弱。如果被审计单位内部控制较健全,则可以减少函证范围;反之,应扩大函证范围。三是以前年度的函证结果。如果以前期间函证中发现过重大差异,或者欠款纠纷较多,则函证范围应相应扩大些。

一般情况下,注册会计师应选择的函证对象包括大额或账龄较长的项目,与债务人发生纠纷的项目,关联方项目,主要客户(包括关系密切的客户)项目,交易频繁但期末余额较小甚至为零的项目,可能产生重大错报或舞弊的非正常项目。

**2. 确定函证方式**

按照我国审计准则规定,函证可分为积极式函证和消极式函证。在审计实务中,审计人员常常相结合地使用两种方式。对于数量少、余额大的应收账款,审计人员应采用积极式函证;对于数量多、余额少的应收账款,审计人员应采用消极式函证。

采用积极式函证方式,注册会计师要求被询证者在所有情况下必须回函,确认询证函中列示的信息是否正确,或填列询证函要求的信息。积极式函证按照列明拟函证的账户余额和不列明拟函证的账户余额分为两类,如表 8-19 所示。

表 8-19　积极式函证方式的分类及特点

| 积极式函证的分类 | 特　点 |
| --- | --- |
| 在询证函中列明拟函证的账户余额或其他信息，要求被询证者确认所函证的款项是否正确 | 询证函的回复能够提供可靠的审计证据，但被询证者可能对所列示信息根本不加以验证就予以回函确认 |
| 在询证函中不列明账户余额或其他信息，而要求被询证者填写有关信息和提供进一步信息 | 可能会导致回函率降低，进而导致注册会计师执行更多的替代程序 |

采用消极式函证方式，注册会计师要求被询证者仅在不同意询证函列示信息的情况下才予以回函。

在审计实务中，注册会计师可单独采用积极式或消极式的函证方式实施函证，也可将这两种方式结合起来使用。积极式函证方式通常比消极式函证提供的审计证据可靠。当同时存在以下情况时，注册会计师可以考虑采用消极式函证方式：重大错报风险评估为低水平；涉及大量余额较小的账户；预期不存在大量错误；没有理由相信被询证者不认真对待函证。

## 师生教学做

从表 8-17 中可以看出，审计人员选择的 12 家往来公司均属于应收账款余额大的客户，因此采用积极式函证方式。下面以鞍山机电公司为例，说明询证函的编写方法。

### 企业询证函（积极式询证函，确认信息）

鞍山机电　公司：

本公司聘请的　诚信　会计师事务所对于本公司　2014　年度财务报表进行审计，按照《审计准则》的要求，应当询证本公司与贵公司的往来款项等事项。下列信息出自本公司账簿记录，如与贵公司记录相符，请在本函下端“信息证明无误”处签章证明；如有不符，请在“信息不符”处列明不符项目。如存在与本公司有关的未列入本行的其他项目，也请在“信息不符”处列出这些项目的金额及详细资料。回函请直接寄至　诚信　会计师事务所。

回函地址：武汉市江夏区五里界街 56 号诚信会计师事务所　　邮编：420020

电话：1360725××××　　传真：13××××　　联系人：赵仑海

1. 本公司与贵公司的往来款项列示如下：

| 截止日期 | 贵公司欠 | 欠贵公司 | 备注 |
| --- | --- | --- | --- |
| 2014.12.31 | 253 000.00 |  | 货款 |

2. 其他事项。

本函仅为复核账目之用，并非催款结算。若款项在上述日期之后已经付清，仍请及时回复为盼。

（被审计单位盖章）正大公司

2015 年 3 月 10 日

结论：

| 1. 信息证明无误。<br><br>（被询证公司盖章）<br>年　月　日<br>经办人： | 2. 信息不符，请列明不符项目及具体内容。<br><br>（被询证公司盖章）<br>年　月　日<br>经办人： |
|---|---|

## 学生独立做

依据表8-17资料，向南方机电公司发积极式询证函，向大连起重机械公司发消极式询证函（以下是询证函模板，请填写相关内容后发送）。

### 企业询证函（积极式询证函，填列信息）

__________公司：

本公司聘请的__________会计师事务所对于本公司__________年度财务报表进行审计，按照《审计准则》的要求，应当询证本公司与贵公司的往来款项等事项。下列信息出自本公司账簿记录，如与贵公司记录相符，请在本函下端“信息证明无误”处签章证明；如有不符，请在“信息不符”处列明不符项目。如存在与本公司有关的未列入本函的其他项目，也请在“信息不符”处列出这些项目的金额及详细资料。回函请直接寄至__________会计师事务所。

回函地址：　　　　邮编：

电话：　　　　传真：　　　　联系人：

1. 本公司与贵公司的往来款项列示如下：

| 截止日期 | 贵公司欠 | 欠贵公司 | 备注 |
|---|---|---|---|
| | | | |
| | | | |

2. 其他事项。

本函仅为复核账目之用，并非催款结算。若款项在上述日期之后已经付清，仍请及时回复为盼。

（被审计单位盖章）

年　月　日

结论：

| 1. 信息证明无误。<br><br>（被询证公司盖章）<br>年　月　日<br>经办人： | 2. 信息不符，请列明不符项目及具体内容。<br><br>（被询证公司盖章）<br>年　月　日<br>经办人： |
|---|---|

## 企业询证函(消极式询证函)

__________公司:

本公司聘请的__________会计师事务所对于本公司__________年度财务报表进行审计,按照《审计准则》的要求,应当询证本公司与贵公司的往来款项等事项。请列示截止至__________年____月____日贵公司与本公司往来款项余额。回函请直接寄至__________会计师事务所。

回函地址: 邮编:

电话: 传真: 联系人:

本函仅为复核账目之用,并非催款结算。若款项在上述日期之后已经付清,仍请及时回复为盼。

(被审计单位盖章)
年 月 日

1.本公司与贵公司的往来款项列示如下:

| 截止日期 | 贵公司欠 | 欠贵公司 | 备注 |
| --- | --- | --- | --- |
| | | | |
| | | | |
| | | | |

2.其他事项。

(被审计单位盖章)
年 月 日
经办人:

**3.选择函证时间**

为了充分发挥函证的作用,应恰当选择函证的实施时间。注册会计师通常以资产负债表日为截止日,在资产负债表日后适当时间实施函证。如果重大错报风险评估为低水平,注册会计师可选择资产负债表日前适当的日期为截止日实施函证,并对所函证项目自该截止日期起至资产负债表日止发生的变动实施实质性程序。

**4.控制函证**

注册会计师通常利用被审计单位提供的应收账款明细账户名称及客户地址等资料据以编制询证函,但注册会计师应当对确定需要确认或填列的信息、选择适当的被询证者、设计询证函以及发出和跟进(包括收回)询证函保持控制。

## 师生教学做

审计人员寄发12份企业询证函,已有11家客户按规定回函,其中回函不符事项的有3家,未收到回函的有一家。对于未收到回函的长春汽配公司,再次发函,结果仍未收到回函,于是实施替代审计程序。审计人员对长春汽配公司15万元销售额的有关凭证进行检查,如销售合同、订单及销售发票和发运凭证等,证实会计记录无误,且有确凿证据表明长春汽配公司破产,所欠货款只能收回30%。应收账款未回函替代程序表如表8-20所示。

**表 8-20　应收账款未回函替代程序表**

| 被审计单位:正大公司 | | | | | 索引号:ZD42-2-1 | | | | | | | |
|---|---|---|---|---|---|---|---|---|---|---|---|---|
| 项目:应收账款未回函替代程序 | | | | | 财务报表截止日/期间:2014 年 12 月 31 日 | | | | | | | |
| 编制:张丰立 | | | | | 复核:肖花 | | | | | | | |
| 日期:2015.3.10 | | | | | 日期:2015.3.11 | | | | | | | |
| 企业名称:长春汽配公司 | | | | | | | | | | | | 合同检查是否相符 |
| 一、年初余额 | | | | 150 000 | | | | | | | | |
| 二、借方发生额 | | | | 0 | | | | | | | | |
| 入账金额 | | | | | 核对内容(用"×""√"表示) | | | | | | | |
| 序号 | 日期 | 凭证号 | 摘要 | 金额 | 1 | 2 | 3 | 4 | 5 | 6 | … | |
| 1 | 2014.6.30 | 366 | 长春汽配公司 | 150 000 | √ | √ | √ | √ | √ | √ | | 相符 |
| …… | | | | | | | | | | | | |
| 小计 | | | | 150 000 | | | | | | | | |
| 全年借方发生额合计 | | | | | | | | | | | | |
| 测试金额占全年借方发生额的比例 | | | | 0.83% | | | | | | | | |
| 三、贷方发生额 | | | | | | | | | | | | |
| 入账金额 | | | | | 核对内容(用"×""√"表示) | | | | | | | 合同检查是否相符 |
| 序号 | 日期 | 凭证号 | 摘要 | 金额 | 1 | 2 | 3 | 4 | 5 | 6 | … | |
| 1 | | | | | | | | | | | | |
| …… | | | | | | | | | | | | |
| 小计 | | | | | | | | | | | | |
| 全年贷方发生额合计 | | | | | | | | | | | | |
| 测试金额占全年贷方发生额的比例 | | | | | | | | | | | | |
| 四、年末余额 | | | | | | | | | | | | |
| 长春汽配公司 | | | | 150 000 | | | | | | | | |
| 五、期后收款检查 | | | | | | | | | | | | |
| 入账金额 | | | | | 核对内容(用"×""√"表示) | | | | | | | 合同检查是否相符 |
| 序号 | 日期 | 凭证号 | 摘要 | 金额 | | | | | | | | |
| 1 | | | | | | | | | | | | |
| 2 | | | | | | | | | | | | |
| 检查内容说明:1.原始凭证内容完整;2.记账凭证与原始凭证内容、金额相符;3.账务处理正确;4.记录于恰当的会计期间;5.有授权审批;6.账证内容、金额相符。 | | | | | | | | | | | | |
| 审计说明:无。 | | | | | | | | | | | | |

**5.函证结果差异分析**

收回的函证若有差异,即函证出现了不符事项,注册会计师应先提请被审计单位查明原因,并做进一步分析和核实。不符事项的原因可能是登记入账的时间不同,或由于一方或双方结账错误,也可能是被审计单位的舞弊行为。对于应收账款而言,登记入账时间不同而产生的不符事项主要表现:一是询证函发出时,债务人已经付款,而被审计单位尚未收到货款;二是询证函发出时,被审计单位的货物已经发出并已做销售记录,但货物仍在途中,债务人尚未收到货物;三是债务人由于某种原因将货物退回,而被审计单位尚未收到;四是债务人对收到的货物数量、质量及价格等方面有异议而全部或部分拒付货款的,如果不符事项构成错误,注册会计师应当重新考虑所实施审计程序的性质、时间和范围。

## 师生教学做

审计人员收到三家回函出现不符事项,故进行追加审计程序,相关资料如下。

(1)检查鞍山机电公司货款 253 000 元,从明细账追查至记账凭证和原始凭证,结果发现未附原始凭证。经与财务人员沟通,财务人员承认该笔业务为虚构,主要是完成 2014 年度销售目标而虚增应收账款和营业收入,年后再作坏账处理。

(2)应收南方机电公司的款项 180 000 元,正大公司已于 2015 年 3 月 10 日收讫,由此可见,回函差异的原因是询证函发出时,债务人已经付款,此款项属于货款在途,不需要调整。

(3)应收大连起重机械公司款项 162 000 元,大连起重机械公司称 123 000 元的货款已于 2014 年 9 月 8 日付讫,经过询问和检查,证实其货款已被出纳挪用。

根据表 8-17、表 8-20、不符事项完成应收账款函证结果汇总表(见表 8-21)。

**表 8-21　应收账款函证结果汇总表**

<table>
<tr><td colspan="8">被审计单位:正大公司<br>项目:应收账款函证结果汇总<br>编制:张丰立<br>日期:2015.3.10</td><td colspan="8">索引号:S005<br>财务报表截止日/期间:2014 年度<br>复核:肖花<br>日期:2015.3.11</td></tr>
<tr><td colspan="16">一、测试对象总体:应收账款余额<br>二、测试项目的选取方法:抽样</td></tr>
<tr><td colspan="16">三、样本规模:50 户<br>四、样本确定方法:期末余额大小、账龄长短、异常</td></tr>
<tr><td colspan="16">函证结果汇总表</td></tr>
<tr><td rowspan="2">询证函编号</td><td rowspan="2">债务人名称</td><td rowspan="2">账面余额</td><td rowspan="2">函证方式</td><td colspan="2">函证日期</td><td rowspan="2">回函日期</td><td rowspan="2">回函直接确认金额</td><td rowspan="2">回函差异</td><td colspan="2">函证结果调节情况</td><td colspan="2">未回函替代程序</td><td rowspan="2">审计确认金额</td><td rowspan="2">不确认金额</td><td rowspan="2">备注</td></tr>
<tr><td>第 1 次</td><td>第 2 次</td><td>调节金额</td><td>确认金额</td><td>确认金额</td><td>索引号</td></tr>
<tr><td>1</td><td></td><td></td><td></td><td></td><td></td><td></td><td></td><td></td><td></td><td></td><td></td><td></td><td></td><td></td><td></td></tr>
<tr><td>2</td><td></td><td></td><td></td><td></td><td></td><td></td><td></td><td></td><td></td><td></td><td></td><td></td><td></td><td></td><td></td></tr>
<tr><td>3</td><td></td><td></td><td></td><td></td><td></td><td></td><td></td><td></td><td></td><td></td><td></td><td></td><td></td><td></td><td></td></tr>
<tr><td>4</td><td></td><td></td><td></td><td></td><td></td><td></td><td></td><td></td><td></td><td></td><td></td><td></td><td></td><td></td><td></td></tr>
<tr><td>5</td><td></td><td></td><td></td><td></td><td></td><td></td><td></td><td></td><td></td><td></td><td></td><td></td><td></td><td></td><td></td></tr>
<tr><td>6</td><td></td><td></td><td></td><td></td><td></td><td></td><td></td><td></td><td></td><td></td><td></td><td></td><td></td><td></td><td></td></tr>
</table>

续表

<table>
<tr><td rowspan="2">询证函编号</td><td rowspan="2">债务人名称</td><td rowspan="2">账面余额</td><td rowspan="2">函证方式</td><td colspan="2">函证日期</td><td rowspan="2">回函日期</td><td rowspan="2">回函直接确认金额</td><td rowspan="2">回函差异</td><td colspan="2">函证结果调节情况</td><td colspan="2">未回函替代程序</td><td rowspan="2">审计确认金额</td><td rowspan="2">不确认金额</td><td rowspan="2">备注</td></tr>
<tr><td>第1次</td><td>第2次</td><td>调节金额</td><td>确认金额</td><td>确认金额</td><td>索引号</td></tr>
<tr><td>7</td><td></td><td></td><td></td><td></td><td></td><td></td><td></td><td></td><td></td><td></td><td></td><td></td><td></td><td></td><td></td></tr>
<tr><td>8</td><td></td><td></td><td></td><td></td><td></td><td></td><td></td><td></td><td></td><td></td><td></td><td></td><td></td><td></td><td></td></tr>
<tr><td>9</td><td></td><td></td><td></td><td></td><td></td><td></td><td></td><td></td><td></td><td></td><td></td><td></td><td></td><td></td><td></td></tr>
<tr><td>10</td><td></td><td></td><td></td><td></td><td></td><td></td><td></td><td></td><td></td><td></td><td></td><td></td><td></td><td></td><td></td></tr>
<tr><td>11</td><td></td><td></td><td></td><td></td><td></td><td></td><td></td><td></td><td></td><td></td><td></td><td></td><td></td><td></td><td></td></tr>
<tr><td>12</td><td></td><td></td><td></td><td></td><td></td><td></td><td></td><td></td><td></td><td></td><td></td><td></td><td></td><td></td><td></td></tr>
<tr><td colspan="2">合计</td><td></td><td></td><td></td><td></td><td></td><td></td><td></td><td></td><td></td><td></td><td></td><td></td><td></td><td></td></tr>
<tr><td colspan="16">审计说明：</td></tr>
<tr><td colspan="16">汇总：抽取应收账款样本户数______户；期末应收账款客户总数______户；收到回函的样本______户；收到回函的样本金额______元；抽取样本的总金额______元；期末应收账款总金额______元；回函确认金额______元；替代程序确认金额______元。</td></tr>
</table>

## 三、应收账款审计综合实训

### 学生独立做

诚信会计师事务所审计人员获取了应收账款明细表，选择12户编制了函证应收账款明细表(见表8-17)，并分别进行了询证，获取了应收账款账龄及坏账准备分析表(见表8-18)，收回11户询证函，未收回1户采用了替代程序(见表8-20)，在此基础上编制了应收账款函证结果汇总表(见表8-21)。根据以上资料，编制应收账款审定表(见表8-22)。

**表8-22　应收账款审定表**

<table>
<tr><td colspan="4">被审计单位：<br>项目：<br>编制：<br>日期：</td><td colspan="3">索引号：<br>财务报表截止日/期间：<br>复核：<br>日期：</td></tr>
<tr><td rowspan="2">项目名称</td><td rowspan="2">期末未审数</td><td colspan="2">账项调整</td><td colspan="2">重分类调整</td><td rowspan="2">期末审定数</td></tr>
<tr><td>借方</td><td>贷方</td><td>借方</td><td>贷方</td></tr>
<tr><td></td><td></td><td></td><td></td><td></td><td></td><td></td></tr>
<tr><td></td><td></td><td></td><td></td><td></td><td></td><td></td></tr>
<tr><td></td><td></td><td></td><td></td><td></td><td></td><td></td></tr>
<tr><td></td><td></td><td></td><td></td><td></td><td></td><td></td></tr>
<tr><td></td><td></td><td></td><td></td><td></td><td></td><td></td></tr>
</table>

续表

| 调整分录： | | | | | | |
|---|---|---|---|---|---|---|
| 内容 | 科目名称 | 金额 | 金额 | 金额 | 金额 | |
| | | | | | | |
| | | | | | | |
| | | | | | | |
| | | | | | | |
| | | | | | | |
| | | | | | | |
| | | | | | | |
| | | | | | | |
| 审计结论： | | | | | | |

## 学生独立做

2015 年 3 月 10 日，审计人员在对正大公司 2014 年度应收账款和坏账准备进行审计时，发现以下情况。

(1)正大公司坏账准备本期期末账面金额为 210 000 元。

(2)期末账龄 2 年零 3 个月的长春汽配公司的货款 150 000 元，有确凿证据表明只能收回 30%。

(3)注册会计师对正大公司董事会决定的坏账计提比例、应收账款账龄与坏账准备分析表进行汇总(见表 8-18)。

(4)坏账准备上期审定数为 180 000 元。

(5)坏账准备本期转出(核销)金额：雷达公司 12 000 元，神州公司 25 000 元。

根据表 8-17、表 8-18 及以上情况编制应收账款及坏账准备计算表(见表 8-23)。

**表 8-23 应收账款及坏账准备计算表**

被审计单位：________ 索引号：________

项目：________ 财务报表截止日/期间：________

编制：________ 复核：________

日期：________ 日期：________

| 计算过程 | | 索引号 |
|---|---|---|
| 一、坏账准备本期期末应有金额 1=2+3 | | 1 |
| 1.期末有确凿证据表明发生了减值的应收账款，对应坏账准备应有余额 | | |
| 单位名称 | 金额 | |
| | | |
| | | |
| 合计 | | 2 |

续表

<table>
<tr><td colspan="7">2. 期末单项金额经测试后未发生减值的应收账款，对应坏账准备应有余额</td></tr>
<tr><td>项目</td><td>账龄</td><td>应收账款余额</td><td>坏账准备计提比例</td><td colspan="2">坏账准备应有余额</td><td>索引号</td></tr>
<tr><td rowspan="4">应收账款</td><td>1 年以内(含 1 年)</td><td></td><td></td><td colspan="2"></td><td></td></tr>
<tr><td>1～2 年(含 2 年)</td><td></td><td></td><td colspan="2"></td><td></td></tr>
<tr><td>2～3 年(含 3 年)</td><td></td><td></td><td colspan="2"></td><td></td></tr>
<tr><td>3 年以上</td><td></td><td></td><td colspan="2"></td><td></td></tr>
<tr><td colspan="2">合计</td><td></td><td></td><td colspan="2"></td><td>3</td></tr>
<tr><td colspan="4">二、坏账准备上期审定数 18 万元</td><td colspan="2"></td><td>4</td></tr>
<tr><td colspan="7">三、坏账准备本期核销金额</td></tr>
<tr><td colspan="3">单位名称</td><td colspan="2">金额</td><td colspan="2">索引号</td></tr>
<tr><td colspan="3"></td><td colspan="2"></td><td colspan="2"></td></tr>
<tr><td colspan="3"></td><td colspan="2"></td><td colspan="2"></td></tr>
<tr><td colspan="3">合计</td><td colspan="2"></td><td colspan="2">5</td></tr>
<tr><td colspan="5">四、计算坏账准备本期全部应计提金额</td><td colspan="2"></td></tr>
<tr><td colspan="5">6＝1－4＋5</td><td colspan="2">6</td></tr>
<tr><td colspan="7">审计说明：</td></tr>
</table>

# 项目九 生产与存货循环审计

## 任务一　了解生产与存货循环

### 一、生产与存货循环的业务流程

生产与存货循环同其他业务循环的联系非常密切,因而十分独特。原材料经过采购与付款循环进入生产与存货循环,生产与存货循环又随着销售与收款循环中产成品、商品的销售环节而结束。审计人员只有了解生产与存货循环涉及的主要流程及相关凭证和记录,才能对相关账户的审计风险予以把握,进而提高审计效率。以制造业为例,生产与存货循环活动所涉及的主要业务活动包括计划和安排生产、发出材料、生产产品、核算产品成本、储存产成品、发出库存商品等。上述业务流程通常涉及生产计划部门、仓库部门、生产部门、销售部门、会计部门等。

**1. 计划和安排生产**

生产计划部门根据客户订购单或者对销售预测和产品市场需求的分析决定生产授权,签发预先编号的生产通知单,同时编制材料需求报告,列示所需要的材料和零件及其库存。计划和安排生产与“发生”认定有关。

**2. 发出材料**

仓库部门根据从生产部门收到的领料单发出原材料。领料单上必须列示所需的材料数量和种类,以及领料部门的名称。领料单一式多联,仓库发料后,将其中一联连同材料交给领料部门,其余两联经仓库登记材料明细账后,送会计部门进行材料收发核算和成本核算。

**3. 生产产品**

生产部门在收到生产通知单及领取原材料后,将生产任务分解到每一个生产工人,并将所领取的原材料交给生产工人,据以执行生产任务。

**4. 核算产品成本**

生产过程中的各种记录、生产通知单、领料单、计工单、入库单等文件资料都要汇集到会计部门,由会计部门对其进行审查和核对,了解和控制生产过程中存货的实物流转。会计部门要设置相应的会计账户，会同有关部门对生产过程中的成本进行核算和控制。

**5. 储存产成品**

产成品入库，须经仓库部门先行点验和检查，然后签收。仓库部门签收后，再将实际入库数量通知会计部门。

**6. 发出库存商品**

为了了解发运部门发出库存商品的情况，库存商品的发出须由独立的发运部门进行。装运库存商品时必须持有经有关部门核准的发运通知单，并据此编制出库单。出库单一式四联，一联交仓库部门，一联发运部门留存，一联送交客户，一联作为给客户开发票的依据。

## 二、生产与存货循环可能发生错报的环节

注册会计师需要确定和了解生产与存货循环的错报在什么环境发生，即确定被审计单位应在哪些环节设置控制，以防止或发现并纠正的各重要交易活动可能发生的错报。部分在生产与存货循环中可能发生错报的环节如表 9-1 所示。

**表 9-1　部分在生产与存货循环中可能发生错报的环节**

| 主要业务活动 | 可能的错报 | 关键控制点 |
| --- | --- | --- |
| 计划和安排生产 | 生产没有计划 | 由生产计划部门计划、安排生产 |
| 发出材料 | 未经授权领用材料 | 按已经批准的通知单和签字的发料单发出材料 |
| 生产产品 | 生产工时可能未被记录或者未被分配至正确的生产任务 | 使用记工单记录完成的生产工时 |
| 转移已完工产品到产成品库 | 产成品库人员可能会记录接收的已完工产品；接收了生产中的残次品 | 产成品仓库保管员收到产品时在入库单上签字 |
| 存货分类 | 以次等品冒充优等产品，以旧充好，混淆不同批号、不同产地和不同价格的物资等 | 定期盘点存货 |
| 核算产品成本 | 随意变更存货计价方法；存货成本项目分摊不合理；虚假在产品完工程度 | 采用适当的成本计价方法、费用分配方法，且前后期一致；独立检查 |
| 储存产成品 | 存货可能从仓库中被盗；在产品可能在生产过程中被盗；虚假存货；账面存货数量可能与实际数量不一致 | 存货保管员与记录员等职责要分离；建立实物保护制度；定期账实核对 |

## 三、识别和了解相关控制

注册会计师通过检查被审计单位生产与存货循环内部控制手册和其他书面指引、询问各部门的相关人员、观察操作流程等方式，并利用文字表述法、调查表法、流程图法等对生产与存货的交易流程进行了解。

### 四、穿行测试

注册会计师应当选择一笔或几笔生产与存货交易进行穿行测试，以证实对交易活动和相关控制的了解是否正确和完整。例如，针对生产与存货交易，追踪从计划安排生产、发出材料、生产产品、核算产品成本、储存产成品、生成记账凭证到过账至主营业务成本明细账和总账的整个交易流程，并确定相关控制是否得到执行。

### 五、初步评价和风险评估

注册会计师通过了解生产与存货循环的内部控制，对相关控制的设计是否得到执行进行评价，同时结合对被审计单位其他方面的了解，评估重大错报风险，以确定进一步审计程序的性质、时间和范围。如果了解到相关内部控制不存在或不值得信赖，注册会计师可考虑执行实质性程序，而不进行控制测试。

## 任务二　存货审计

### 一、存货审计的任务准备

2015 年 3 月 10 日会计师事务所的审计人员依据《审计准则》与正大公司 2014 年度财务报表审计的具体实施方案，负责存货的实质性测试。审计人员实施了审阅、核对、函证和监盘等程序，编制了表 9-2 所示的工作表目录。

表 9-2　会计师事务所存货审计工作表目录

| 编　　号 | 项 目 名 称 | 工作底稿名称 | 索　引　号 |
|---|---|---|---|
| 1 | 存货 | 存货实质性程序表 | ZI43-0 |
| 2 | 存货 | 存货明细表 | ZI43-1 |
| 3 | 存货 | 存货盘点计划调查表 | ZI43-2 |
| 4 | 存货 | 存货监盘报告 | ZI43-3 |
| 5 | 存货 | 存货抽盘核对表 | ZI43-4 |
| 6 | 存货 | 存货计价审计表 | ZI43-5 |
| 7 | 存货 | 存货审定表 | ZI43 |

为了便于对存货审计工作过程和审计范围的理解、掌握，以及审计实务操作，根据审计实务的要求，现将存货审计的实质性程序与审计目标的关系以工作底稿的形式列示，如表 9-3 所示。

**表 9-3　存货实质性程序表**

| 被审计单位:正大公司 | 索引号:ZI43-0 |
|---|---|
| 项目:存货实质性程序 | 财务报表截止日/期间:2014.12.31 |
| 编制:张丰立 | 复核:肖花 |
| 日期:2015.3.10 | 日期:2015.3.11 |

| 审计目标 | 财务报表认定 | | | | |
|---|---|---|---|---|---|
| | 存在 | 完整性 | 权利和义务 | 计价和分摊 | 披露 |
| A. 资产负债表中记录的存货是存在的 | √ | | | | |
| B. 所有应当记录的存货均已记录 | | √ | | | |
| C. 记录的存货由被审计单位拥有或控制 | | | √ | | |
| D. 存货以恰当的金额包括在财务报表中,与之相关的计价调整已恰当记录 | | | | √ | |
| E. 存货已按照《企业会计准则》的规定在财务报表中做出恰当列报 | | | | | √ |

可供选择的实质性程序

| 审计目标 | 可供选择的审计程序 | 是否执行 | 未执行原因 | 索引号 | 存在 | 完整性 | 权利和义务 | 计价和分摊 | 披露 |
|---|---|---|---|---|---|---|---|---|---|
| ABD | 获取或编制各存货项目明细表:对其复核加计,并与总账数和明细账合计数核对是否相符,同时抽查各存货明细账与仓库台账、卡片记录核对是否相符 | 是 | | ZI43-1 | √ | √ | | √ | |
| ABC | 存货监盘 | 是 | | ZI43-2 | √ | √ | √ | | |
| D | 对分类存货的数量、计价及账务处理的检查见各个分项目检查工作底稿 | 是 | | ZI43-3 | | | | √ | |
| D | 截止测试 | 是 | | ZI43-4 | | | | √ | |
| | 其他程序(略) | | | ZI43-5 | | | | | |

## 二、存货审计程序及案例分析

存货审计,尤其是对年末存货余额的测试,通常是审计中最复杂也是最费时的部分。审计人员对存货存在和存货价值的评估往往十分困难。导致存货审计复杂的主要原因有:存货通常是资产负债表中的一个主要项目,而且通常是构成营运资本的最大项目;存货存放于不同的地点,这使得对它的实物控制和盘点都很困难;存货项目的多样性也给审计带来了困难;存货本身的陈旧及存货成本的分配也使存货估价出现困难;允许采用的存货计价方法的多样性。

### (一)获取或编制各存货项目的明细表,核对账表

存货是一个报表项目,其余额来自若干存货项目之和。对于不同的企业,存货项目的构成是不同的。因此,存货审计的第一个程序就是将报表中的"存货"分解,找到与之对应的若干个

存货项目，并对存货项目明细表复核加计，分别与各个存货项目明细账、总账核对相符，同时核对各存货明细账与仓库台账、卡片记录之间是否相符。

审计人员取得了正大公司的存货项目构成余额表，如表 9-4 所示。

**表 9-4 正大公司的存货项目构成余额表**

单位：元

| 科目名称 | 借或贷 | 期初余额 | 借方 | 贷方 | 借或贷 | 期末余额 |
|---|---|---|---|---|---|---|
| 原材料 | 借 | 1 918 882.00 | 130 790.00 | 738 047.00 | 借 | 1 311 625.00 |
| 主要材料 | 借 | 470 000.00 | 90 000.00 | 221 900.00 | 借 | 338 100.00 |
| 燃料 | 借 | 3 600.00 | 5 400.00 | 3 600.00 | 借 | 5 400.00 |
| 外购半成品 | 借 | 1 082 800.00 | 385 000.00 | 501 260.00 | 借 | 966 540.00 |
| 辅助材料 | 借 | 12 482.00 | 390.00 | 11 287.00 | 借 | 1 585.00 |
| 周转材料 | 借 | 185 593.00 | 5 795.00 | 114 545.70 | 借 | 76 842.30 |
| 劳动保护品 | 借 | 2 353.00 | 1 545.00 | 2 011.70 | 借 | 1 886.30 |
| 附件 | 借 | 2 040.00 | | 834.00 | 借 | 1 206.00 |
| 专用工具 | 借 | 286 650.00 | | 106 650.00 | 借 | 180 000.00 |
| 包装箱 | 借 | 1 200.00 | 2 800.00 | 3 600.00 | 借 | 400.00 |
| 低值易耗品 | 平 | 0 | 1 450.00 | 1 450.00 | 平 | 0 |
| 库存商品 | 借 | 1 416 000.00 | 1 502 752.50 | 1 281 499.92 | 借 | 1 637 252.58 |
| 生产成本 | 借 | 324 760.00 | 1 528 916.94 | 1 608 965.87 | 借 | 244 711.07 |

从表 9-4 可以看出，构成存货的项目有原材料、周转材料、库存商品、生产成本，经核对，各明细科目余额之和等于总账余额，存货的报表数等于“原材料”“周转材料”“库存商品”“生产成本”余额之和。

此外，审计人员向正大公司索取了存货明细表，如表 9-5 所示。

**表 9-5 正大公司的存货明细表**

| 被审计单位：正大公司 | 索引号：ZI43-1 |
|---|---|
| 项目：存货明细 | 财务报表截止日/期间：2014.12.31 |
| 编制：张丰立 | 复核：肖花 |
| 日期：2015.3.10 | 日期：2015.3.11 |

| 品名 | 单位 | 账面结存 | | | 存放处 |
|---|---|---|---|---|---|
| | | 数量 | 单价/元 | 金额/元 | |
| 生铁 | 吨 | 57 | 2 300.00 | 131 100.00 | 原材料库 |
| 圆钢 | 吨 | 69 | 3 000.00 | 207 000.00 | 原材料库 |
| 煤 | 吨 | 30 | 180.00 | 5 400.00 | 原材料库 |
| 电机 | 台 | 60 | 1 440.00 | 86 400.00 | 原材料库 |
| 轴承 D318 | 套 | 1 610 | 350.00 | 563 500.00 | 原材料库 |
| 轴承 D462 | 套 | 2 140 | 138.00 | 295 320.00 | 原材料库 |
| 标准件 | 个 | 1 040 | 20.50 | 21 320.00 | 原材料库 |
| 油漆 | 千克 | 100 | 10.00 | 1 000.00 | 原材料库 |
| 润滑油 | 千克 | 150 | 3.90 | 585.00 | 原材料库 |

续表

| 品　名 | 单位 | 账面结存 | | | 存放处 |
|---|---|---|---|---|---|
| | | 数量 | 单价/元 | 金额/元 | |
| 工作服 | 套 | 7 | 35.90 | 251.30 | 周转材料库 |
| 劳保鞋 | 双 | 50 | 30.00 | 1 500.00 | 周转材料库 |
| 耐热手套 | 副 | 30 | 4.50 | 135.00 | 周转材料库 |
| 勾扳手 | 个 | 20 | 4.80 | 96.00 | 周转材料库 |
| 法兰盘 | 个 | 60 | 13.50 | 810.00 | 周转材料库 |
| 螺钉 | 盒 | 20 | 15.00 | 300.00 | 周转材料库 |
| 专用工具 | 把 | 4 000 | 45.00 | 180 000.00 | 周转材料库 |
| 包装箱 | 个 | 1 | 400.00 | 400.00 | 周转材料库 |
| 普通车床 | 台 | 48 | 24 153.87 | 1 159 385.76 | 产品库 |
| 刻模磨床 | 台 | 32 | 14 933.34 | 477 866.88 | 产品库 |
| 半成品 | | | | 244 711.07 | 生产车间 |
| 合计 | | | | 3 377 081.01 | |

(二)监盘存货

监盘存货是审计人员现场观察被审计单位存货的盘点,并对已盘点存货进行适当的检查。具体地说,监盘存货包括两层含义:审计人员亲临现场观察被审计单位盘点;在此基础上,审计人员根据需要适当抽查已盘点存货。

存货监盘过程按以下步骤展开。

**1. 监盘前获取有关资料,以编制存货监盘计划**

(1)存货监盘的目标、范围及时间安排。其主要目标包括获取被审计单位资产负债表日有关存货数量和状况,以及有关管理层存货盘点程序可靠性的审计证据;检查存货的数量是否真实完整;是否归属被审计单位所有;存货有无毁损、陈旧、过时、残次和短缺等状况。

存货监盘范围的大小取决于存货的内容、性质以及与存货相关的内部控制的完善程度和重大错报风险的评估结果。存货监盘的时间包括实地盘点的时间、观察存货盘点的时间和对已盘点存货实施检查的时间等,应当与被审计单位实施存货盘点的时间相协调。

(2)存货监盘的要点及关注事项。存货监盘的要点主要包括注册会计师实施存货监盘程序的方法、步骤,各个环节应注意的问题和所要解决的问题;注册会计师需要重点关注的事项,如盘点期间的存货移动、存货的状况、存货截止确认、存货的各个存放地点及金额等。

(3)参加存货监盘人员的分工。注册会计师应当根据被审计单位参加存货盘点人员分工、分组情况,工作量的大小和人员素质情况,确定参加存货监盘的人员组成,以及各组成人员的职责和具体的分工情况,并加强督导。

(4)检查存货的范围。注册会计师应当根据对被审计单位存货盘点和内部控制的评价结果确定检查存货的范围。在实施观察程序后,如果认为被审计单位内部控制设计良好且得到有效实施,存货盘点组织良好,就可以相应缩小实施检查程序的范围。

通过复核或与企业讨论盘点计划,审计人员可以掌握企业存货管理的情况。

诚信会计师事务所审计人员参与正大公司盘点计划的制订。正大公司的存货盘点于2015年3月10日下午2点开始，为期两天，大部分存货存放在2号、3号仓库，还有部分存货放在铸造车间、机加工车间和装配车间。盘点人员为仓库保管员、存货核算会计员和车间成本核算员。

存货盘点前，审计人员通过向参与盘点人员发放问卷调查了解了以下情况。

(1)不存在代销存货及所有权不属于本单位的存货。

(2)不存在陈旧、过时的存货。

(3)原材料、半成品、产成品是分开存放的。

(4)盘点期间存货停止移动，停止生产。

(5)所有的盘点都被独立检查以确保准确性。

审计人员认为被审计单位存货盘点计划适当，不存在缺陷。审计人员编制的“存货盘点计划调查表”的部分内容如表9-6所示。

**表9-6　存货盘点计划调查表**

| 被审计单位:正大公司 | | | 索引号:ZI43-2 | |
|---|---|---|---|---|
| 项目:存货盘点计划调查 | | | 财务报表截止日/期间:2014.12.31 | |
| 编制:张丰立 | | | 复核:肖花 | |
| 日期:2015.3.10 | | | 日期:2015.3.12 | |
| 1.存货盘点的范围、盘点的场所及盘点时间是如何确定的? | | | | |
| 仓库名称 | 地点 | 存货类型 | 占存货总额比例 | 盘点时间 |
| 正大公司仓库 | 公司内设仓库 | 原材料、周转材料、产成品 | 92.52% | 2015.3.10 |
| 生产车间 | 公司生产车间 | 在产品 | 7.48% | 2015.3.11 |
| 2.盘点人员是如何组织分工的?是否具有胜任能力? | | | | |
| 人员 | 地点 | 职责 | 胜任能力 | 联系电话 |
| 张东、王芳 | 公司2、3号仓库 | 保管员、存货核算 | 有 | 189××××6899 |
| 赵前成 | 公司生产车间 | 成本核算 | 有 | 189××××9988 |
| 3.盘点过程是否有专家参与?是否对专家参与盘点做了恰当的安排? | | | | 否 |
| 4.是否存在代销存货等所有权不属于被审计单位的存货?如有，情况如何? | | | | 不存在 |
| 5.在产品、原材料和产成品如何区分? | | | | 按车间区分 |
| 6.存货盘点采用什么工具和方法? | | | | 标识 |
| 7.在产品的完工程度如何确认?采用什么方法分配完工产品和在产品成本? | | | | 由工程师估计 |
| 8.是否有存放在外单位的存货?如何进行盘点? | | | | 无 |
| 9.对存货收发截止是如何控制的? | | | | 停止 |
| 10.对盘点期间存货的移动是如何控制的?盘点期间是否需要停止生产? | | | | 停止 |
| 11.盘点表是如何设计、使用、控制的? | | | | 事先设计、连续编号 |
| 12.盘点结果如何汇总? | | | | 按计划汇总 |
| 13.如何对盘亏和盘盈进行分析、调查与处理? | | | | 提请审批并处理 |
| 14.对被审计单位存货盘点计划能否合理地确定数量和状况做出总体评价。 | | | | |
| (1)被审计单位存货盘点计划是否恰当? | | | | 比较恰当 |
| (2)盘点计划是否存在缺陷?如存在，应建议被审计单位调整。 | | | | 不存在 |

**2. 实地观察和抽查盘点**

审计人员的监盘程序是观察、询问和实物检查工作的集合。按照我国《审计准则》的要求，审计人员在监盘过程中应注意以下几点。

(1)现场观察盘点。首先，确定被审计单位盘点人员是否遵守盘点计划；其次，确定被审计单位盘点人员是否准确地记录存货的数量和状况；然后，关注存货所有权的证据，如货运单据及商标和所有应盘点的存货是否均已盘点；最后，如果存货存放地点有多处，应保证每一处至少有一名审计人员在场。对于存放他处的存货，审计人员不能以路远等为理由拒绝观察，应根据存货在全部存货中的比重，采用亲自前往监盘、委托当地会计师事务所监盘等方式证实。

(2)检查已盘点的存货。审计人员将抽查结果与被审计单位盘点记录相核对，形成相应记录。首先，确定被审计单位盘点计划是否得到执行和证实被审计单位的存货实物总额。其次，检查范围通常包括每一个盘点小组已盘点的存货，以及难以盘点的和隐蔽性较强的存货。最后，进行双向检查，从存货盘点记录中选取项目追查至存货实物，以测试盘点记录的准确性，从存货实物中选取项目追查至存货实物，以测试存货盘点的完整性。

(3)特别关注存货的移动情况，防止遗漏和重复盘点。特别关注存货的状况，观察被审计单位是否已经恰当区分所有毁损、陈旧、过时及残次等存货的处置及存货跌价准备。特别关注存货的截止，获取盘点日前后存货收发及移动的存货，必要时聘请专家对存货的价值加以鉴定。

(4)关注所有权不属于被审计单位的存货。盘点存货时，审计人员应对各种存货的所有权加以鉴定，剔除一些代管、代销、代加工的材料，对于产权不明确的，应进行必要的询证和核实。

**3. 完成存货监盘报告**

在被审计单位存货盘点结束前，审计人员再次回到现场，观察现场，确定有无漏盘存货(被审计单位所有应纳入盘点的存货是否均以盘点)；检查盘点单是否连续编号并全部收回(包括作废和未使用的)；如果盘点日不是 12 月 31 日，审计人员要确定盘点日于 12 月 31 日之间存货变动是否已做出了正确的记录，被审计单位永续盘存记录与盘点结果有无重大差异，如有重大差异，注册会计师应通过追加审计程序查明原因。

存货盘点结束后，审计人员应会同盘点人员将全部盘点的标签和盘点清单按编号顺序汇总，并据此登记存货盘点表。汇总时应注意避免缺号、重号的现象。之后，盘点人员、监盘人员需要在存货盘点表上签字。存货盘点表一式两份，企业和会计师事务所各留一份。同时，审计人员将存货盘点结果与存货明细账的记录进行比较，证实账实是否相符，如果出现盘亏或盘盈，建议企业找出原因并处理。

## 师生教学做

审计人员于 2015 年 3 月 10 日下午开始对正大公司的存货盘点进行现场监盘、同步观察和抽盘。在存货监盘过程中，审计人员观察到正大公司仓库存放的专用工具存货排放井然有序，存货标志清晰。

2015 年 3 月 10—11 日，正大公司的期末存货盘点结束之后，会计师事务所的审计人员编制了存货监盘报告，如表 9-7 所示。

**表 9-7 存货监盘报告**

<table>
<tr><td colspan="3">被审计单位:正大公司<br>项目:存货监盘<br>编制:苏仓海<br>日期:2015.3.11</td><td colspan="2">索引号:ZI42-3<br>财务报表截止日/期间:2014.12.31<br>复核:李俊义<br>日期:2015.3.12</td></tr>
<tr><td colspan="5">一、盘点日期:2015 年 3 月 10—11 日</td></tr>
<tr><td colspan="5">二、盘点仓库名称:公司仓库及生产车间</td></tr>
<tr><td colspan="5">负责人:李古</td></tr>
<tr><td colspan="5">仓库记账员:钱多多</td></tr>
<tr><td colspan="5">保管员:吴胜得</td></tr>
<tr><td colspan="5">仓库概况:1 号仓库存放原材料及周转材料,注意防火防盗;2 号仓库存放商品,注意防火防盗</td></tr>
<tr><td colspan="5">三、监盘参加人员</td></tr>
<tr><td>姓名</td><td>单位名称</td><td>监盘地点</td><td>分工</td><td>联系方式</td></tr>
<tr><td>苏仓海、吴忠</td><td>诚信会计师事务所</td><td>仓库</td><td>监盘</td><td>189××××1700</td></tr>
<tr><td>李俊义、江红</td><td>诚信会计师事务所</td><td>车间</td><td>监盘</td><td>189××××1766</td></tr>
<tr><td colspan="5">上述人员在监盘过程中,除 外,自始至终未离开现场。</td></tr>
<tr><td colspan="5">四、监盘开始前的工作</td></tr>
<tr><td colspan="3">项 目</td><td>是/否</td><td>工作底稿编号</td></tr>
<tr><td colspan="3">1.索取“期末存货盘点计划”</td><td>是</td><td></td></tr>
<tr><td colspan="3">2.索取该仓库“存货收发存月报表”</td><td>是</td><td></td></tr>
<tr><td colspan="3">3.索取存货的盘点清单</td><td>是</td><td></td></tr>
<tr><td colspan="3">4.索取盘点前该仓库收料、发料的最后一张单证</td><td>是</td><td></td></tr>
<tr><td colspan="3">5.存货是否已停止流动</td><td>是</td><td></td></tr>
<tr><td colspan="3">6.废品、毁损物品是否已分开堆放</td><td>是</td><td></td></tr>
<tr><td colspan="3">7.货到单未到的存货是否已暂估入账</td><td>否</td><td></td></tr>
<tr><td colspan="3">8.发票未开、客户已提走的存货是否已单独记录</td><td>是</td><td></td></tr>
<tr><td colspan="3">9.发票已开、客户未提走的存货是否已单独记录或单独堆放</td><td>是</td><td></td></tr>
<tr><td colspan="3">10.存货是否已按存货的型号、规格排放整齐</td><td>是</td><td></td></tr>
<tr><td colspan="3">11.外单位寄存的货物是否已分开堆放</td><td>是</td><td></td></tr>
<tr><td colspan="3">12.代外单位保管的货物是否已分开堆放</td><td>是</td><td></td></tr>
<tr><td colspan="3">13.外单位代销的货物是否已分开堆放</td><td>不适用</td><td></td></tr>
<tr><td colspan="3">14.其他非本公司的货物是否已分开堆放</td><td>不适用</td><td></td></tr>
<tr><td colspan="3">15.委托外单位加工存货、存放外单位存货是否收到外单位的书面确认书</td><td>不适用</td><td></td></tr>
<tr><td colspan="3">16.最后一次盘点存货的日期</td><td>2014.6.30</td><td></td></tr>
<tr><td colspan="3">17.最近一次对计量用具的校对</td><td>2014.6.30</td><td></td></tr>
<tr><td colspan="3">18.是否有存货的记录位置和存放图</td><td>无</td><td></td></tr>
</table>

续表

| 五、监盘进行中的工作 |
|---|
| 1.监盘从下午3点开始,共分2个小组,每组2人。一人点数并报型号、规格,一人记录“盘点清单”。 |
| 2.核对仓库报表结存数量与仓库存货账结存数量是否相符;仓库存货账结存数量与仓库存货卡数量是否相符;填制“存货表、账、卡核对记录表”。 |
| 3.盘点结束,索取“盘点清单”及“存货盘盈、盘亏汇总表”。 |
| 六、抽查盘点 |
| 1.盘点结束后,选择数额较大、收发频繁的存货项目进行抽查盘点。 |
| 2.抽查盘点人员:苏仓海、李俊义。 |
| 3.抽查盘点记录详见“存货监盘结果汇总表”。 |
| 4.抽查盘点统计:<br>品种、型号共43种,抽查盘点5种,占11.63%;金额共3 435 894.69元,抽查盘点2 676 072.58元,占77.9%。 |
| 5.计算抽查盘点正确率:100%。 |
| 6.确定存货中属于残次、毁损、滞销积压的存货及其对当年损益的影响:<br>其中:原材料　　　　元<br>　　　在产品　　　　元<br>　　　库存商品　　　元<br>　　　合计　　　　　元 |
| 七、盘点结束后的工作<br>1.再次观察现场并检查盘点表单。<br>2.复核盘点结果汇总记录。<br>3.关注盘点日与资产负债表日之间存货的变动情况。<br>4.关注存货盘点结果与永续盘存记录之间出现重大差异的处理。<br>5.关注被审计单位盘点方式及其结果无效时的处理,如果认为被审计单位的盘点方式及其结果无效,注册会计师应当提请被审计单位重新盘点。<br>6.请参加复盘人员在“存货监盘结果汇总表”上签字。<br>7.索取由仓库人员填写的“复盘差异说明”(请用文字说明,并加盖单位公章)。 |
| 八、对盘点及抽查盘点的评价<br>1.仓库管理人员对存货很(一般、不)熟悉。<br>2.盘点工作及复盘工作很(一般、不)认真。<br>3.对注册会计师需要的资料很(一般、不)配合。<br>4.监盘结果总体评价:良好。 |

本次存货盘点情况如表 9-8 所示。

**表 9-8 正大公司期末盘点表**

| 品　名 | 单位 | 盘点数 | 账面结存 | | | 盘盈(＋)<br>盘亏(－) | 存 放 处 |
|---|---|---|---|---|---|---|---|
| | | | 数量 | 单价/元 | 金额/元 | | |
| 生铁 | 吨 | 57 | 57 | 2 300.00 | 131 100.00 | | 原材料库 |
| 圆钢 | 吨 | 69 | 69 | 3 000.00 | 207 000.00 | | 原材料库 |
| 煤 | 吨 | 30 | 30 | 180.00 | 5 400.00 | | 原材料库 |
| 电机 | 台 | 60 | 60 | 1 440.00 | 86 400.00 | | 原材料库 |
| 轴承 D318 | 套 | 1 610 | 1 610 | 350.00 | 563 500.00 | | 原材料库 |
| 轴承 D462 | 套 | 2 140 | 2 140 | 138.00 | 295 320.00 | | 原材料库 |
| 标准件 | 个 | 1 040 | 1 040 | 20.50 | 21 320.00 | | 原材料库 |
| 油漆 | 千克 | 100 | 100 | 10.00 | 1 000.00 | | 原材料库 |
| 润滑油 | 千克 | 150 | 150 | 3.90 | 585.00 | | 原材料库 |
| 工作服 | 套 | 7 | 7 | 35.90 | 251.30 | | 周转材料库 |
| 劳保鞋 | 双 | 50 | 50 | 30.00 | 1 500.00 | | 周转材料库 |
| 耐热手套 | 副 | 30 | 30 | 4.50 | 135.00 | | 周转材料库 |
| 勾扳手 | 个 | 20 | 20 | 4.80 | 96.00 | | 周转材料库 |
| 法兰盘 | 个 | 60 | 60 | 13.50 | 810.00 | | 周转材料库 |
| 螺钉 | 盒 | 20 | 20 | 15.00 | 300.00 | | 周转材料库 |
| 专用工具 | 把 | 3 880 | 4 000 | 45.00 | 180 000.00 | －5 400.00 | 周转材料库 |
| 包装箱 | 个 | 1 | 1 | 400.00 | 400.00 | | 周转材料库 |
| 普通车床 | 台 | 48 | 48 | 24 153.87 | 1 159 385.76 | | 产品库 |
| 刻模磨床 | 台 | 32 | 32 | 14 933.34 | 477 866.88 | | 产品库 |
| 半成品 | | | | | 244 711.07 | | 生产车间 |
| 合计 | | | | | 3 377 081.01 | | |

审计人员抽查了 5 种存货，分别是：普通车床，1 159 385.76 元；刻模磨床，477 866.88 元；轴承 D318，563 500.00 元；轴承 D462，295 320.00 元；专用工具，180 000.00 元。5 种存货共计 2 676 072.64元，占全部金额的比例为 79.24％。

由于 2015 年 3 月 10 日不是报表日，所以审计人员对正大公司 2014 年度财务报表进行审计时，向仓库保管员借阅了 2014 年 12 月份存货台账，并与存货明细账进行了必要的核对，进行了抽查，并通过计算追溯调整至报表日存货的数量是否正确。

审计人员监盘程序结束后，发现在存货盘点中盘亏周转材料——专用工具 120 把，金额 5 400元，根据上述盘点结果，审计人员填制表 9-9 所示的“存货抽盘核对表”。

**表 9-9 存货抽盘核对表**

<table>
<tr><td colspan="5">被审计单位:正大公司<br>项目:存货抽盘核对<br>编制:苏仓海<br>日期:2015.3.10</td><td colspan="5">索引号:C005<br>财务报表截止日/期间:2014.12.31<br>复核:李俊义<br>日期:2015.3.12</td></tr>
<tr><td colspan="10">一、资产负债表日前抽盘核对数</td></tr>
<tr><td>序号</td><td>品名</td><td>单位</td><td>抽盘日实存数量</td><td>加:抽盘日至资产负债表日入库数量</td><td>减:抽盘日至资产负债表日出库数量</td><td>资产负债表日实存数量</td><td>资产负债表日账面数量</td><td>差异</td><td>差异原因分析</td></tr>
<tr><td>1</td><td></td><td></td><td></td><td></td><td></td><td></td><td></td><td></td><td></td></tr>
<tr><td>2</td><td></td><td></td><td></td><td></td><td></td><td></td><td></td><td></td><td></td></tr>
<tr><td colspan="10">审计结论:</td></tr>
<tr><td colspan="10">二、资产负债表日后抽盘核对数</td></tr>
<tr><td>序号</td><td>品名</td><td>单位</td><td>抽盘日实存数量</td><td>加:抽盘日至资产负债表日入库数量</td><td>减:抽盘日至资产负债表日出库数量</td><td>资产负债表日实存数量</td><td>资产负债表日账面数量</td><td>差异</td><td>差异原因分析</td></tr>
<tr><td>1</td><td>轴承 D462</td><td>套</td><td>2 000</td><td>140</td><td>0</td><td>2 140</td><td>2 140</td><td>无</td><td></td></tr>
<tr><td>2</td><td>普通车床</td><td>台</td><td>48</td><td>0</td><td>0</td><td>48</td><td>48</td><td>无</td><td></td></tr>
<tr><td>3</td><td>专用工具</td><td>把</td><td>4 000</td><td>0</td><td>0</td><td>3 880</td><td>4 000</td><td>120</td><td>管理不善</td></tr>
<tr><td colspan="10">审计结论:除专用工具因管理不善丢失 120 把外,其他存货抽盘无差异。</td></tr>
</table>

## 三、存货的计价测试

监盘程序主要是对存货的结存量予以确认。为验证财务报表上存货余额的真实性,必须对存货的计价进行审计,即确定存货实物数量和永续盘存记录中的数量是否经过正确的计价和汇总。存货计价测试的目的主要是确认存货的计价和分摊认定,即金额正确与否,重点是对存货单位成本进行测试。

**1. 样本的选择**

选取样本范围,应从存货数量已经盘点、单价和总金额已经计入存货汇总表的结存存货中选择。选取样本对象,着重选择结存余额较大且价格变化比较频繁的项目,同时考虑所选样本的代表性。计价方法的确认,审计人员应考虑被审计单位是否按会计准则的基本要求选择了符合自身特点的方法,同时审计人员还应对这种计价方法的合理性与一惯性予以关注,没有足够的理由,计价方法在同一会计年度内不得变动。测试样本的内容,首先应对存货价格的组成内容予以审核;然后按照所了解的计价方法对所选择的存货样本进行计价测试;测试结果出来后,应与被审计单位账面记录对比,编制对比分析表,分析形成差异的原因;如果差异过大,应扩大测试范围,并根据审计结果考虑是否应提出审计调整建议。

**2. 存货计价测试审计表**

存货计价测试通常通过编制“存货计价审计表”来完成，如表 9-10 所示。

**3. 存货期末计价测试**

在存货计价审计中，由于被审计单位对期末存货采用成本与可变现净值孰低的方法计价，所以注册会计师应充分关注其对存货可变现净值的确定及存货跌价准备的计提。

## 学生独立做

审计人员在对存货项目进行审计时，发现正大公司的会计政策规定，入库材料按实际成本入账，发出原材料采用先进先出法核算。2014 年 12 月 31 日，正大公司轴承 D318 期末结存数量为 1 610 套，期末余额为 563 500.00 元，同时结转生产成本。正大公司 2014 年度轴承 D318 的相关明细账如表 9-10 所示。

**表 9-10　存货计价审计表(轴承 D318 明细账审计)**

被审计单位：正大公司　　索引号：ZI43-5
项目：存货计价审计　　财务报表截止日/期间：2014 年度
编制：苏仓海　　复核：李俊义
日期：2015.3.10　　日期：2015.3.11

| 日期 | 摘要 | 入库 | | | 出库 | | | 结存 | | |
|---|---|---|---|---|---|---|---|---|---|---|
| | | 数量/套 | 单价/元 | 金额/元 | 数量/套 | 单价/元 | 金额/元 | 数量/套 | 单价/元 | 金额/元 |
| 1.1 | 期初余额 | | | | | | | 500 | 500 | 250 000 |
| 3.1 | 购入 | 400 | 410 | 164 000 | | | | 900 | | 414 000 |
| 4.1 | 领用 | | | | 800 | | 373 000 | 100 | | 41 000 |
| 8.1 | 购入 | 1 600 | 360 | 576 000 | | | | 1 700 | | 617 000 |
| 10.1 | 领用 | | | | 1 400 | | 509 000 | 300 | | 108 000 |
| 11.3 | 购入 | 1 800 | 350 | 630 000 | | | | 2 100 | | 738000 |
| 12.2 | 领用 | | | | 490 | | 174500 | 1 610 | 350 | 563 500 |
| 12.31 | 期末余额 | | | | | | | 1 610 | 350 | 563 500 |

审计结论：

正大公司期初余额和所有数量、入库单价均无误，请确定原材料的期末余额和结转的产品成本、主营业务成本是否正确，并将计算结果和调整分录填入表 9-11 所示的“存货审定表”中。

**表 9-11　存货审定表**

被审计单位：正大公司　　索引号：ZI43

项目：存货审定表　　财务报表截止日/期间：2014.12.31

编制：苏仓海　　复核：李俊义

日期：2015.3.10　　日期：2015.3.12

| 存货项目 | 期末未审数 | 账项调整 | | 重分类调整 | | 期末审定数 | 上期末审定数 |
|---|---|---|---|---|---|---|---|
| | | 借方 | 贷方 | 借方 | 贷方 | | |
| 存货账面余额 | | | | | | | |
| 原材料 | 1 311 625.00 | | | | | | 1 918 882.00 |
| 周转材料 | 76 842.30 | | | | | | 185 593.00 |
| 库存商品 | 1 637 252.58 | | | | | | 1 416 000.00 |
| 生产成本 | 244 711.07 | | | | | | 324 760.00 |
| 合计 | 3 270 430.95 | | | | | | 3 845 235.00 |
| 存货跌价准备 | | | | | | | |
| 原材料 | 0 | | | | | | |
| 周转材料 | 0 | | | | | | |
| 库存商品 | 0 | | | | | | |
| 生产成本 | 0 | | | | | | |
| 存货账面价值 | | | | | | | |
| 原材料 | 1 311 625.00 | | | | | | 1 918 882.00 |
| 周转材料 | 76 842.30 | | | | | | 185 593.00 |
| 库存商品 | 1 637 252.58 | | | | | | 1 416 000.00 |
| 生产成本 | 244 711.07 | | | | | | 324 760.00 |
| 合计 | 3 270 430.95 | | | | | | 3 845 235.00 |

调整分录：

| 内容 | 科目名称 | 金额 | 金额 | 金额 | 金额 | | |
|---|---|---|---|---|---|---|---|
| | | | | | | | |
| | | | | | | | |
| | | | | | | | |
| | | | | | | | |
| | | | | | | | |
| | | | | | | | |

审计结论：

# 项目十 人力资源与工薪循环审计

## 任务一 了解人力资源与工薪循环

### 一、人力资源与工薪循环的业务流程

人力资源与工薪循环是不同企业之间最可能具有共性的领域,涉及的主要业务流程通常包括批准招聘、记录工作时间或产量、计算工薪总额和扣除、支付工薪净额等。

**1. 批准招聘**

批准雇用的文件,应当由负责人力资源和工薪相关事宜的人员编制,最好由在正式雇用过程中负责制定批准雇用、支付率和工薪扣除等政策的人力资源部门编制。人力资源部门同时还负责编制支付率变动及下发员工合同期满的通知。

**2. 记录工作时间或产量**

员工工作的证据以工时卡或考勤卡的形式产生,记录工作时间或产量应通过监督审核和批准程序予以控制。如果支付工薪的依据是产量而不是时间,那么数量也同样应经过审核,并将其与产量记录或销售数据进行核对。

**3. 计算工薪总额和扣除**

在计算工薪总额和扣除时,需要将每名员工的交易数据,即本工薪期间的工作时间或产量记录,与基准数据进行匹配。在确定相关控制活动已经执行后,应当由一名适当的人员批准工薪的支付。同时由一名适当的人员审核工薪总额和扣除的合理性,并批准该金额。

**4. 支付工薪净额**

企业利用电子货币转账系统将工薪支付给员工,有时也会使用现金支付方式。批准工薪支票,通常是工薪计算中不可分割的一部分,包括比较支票总额和工薪总额、个人所得税纳税申报表。有关使用支票支付工薪的职能划分,应该与使用现金支出的职责划分相同。

### 二、人力资源与工薪循环的内部控制

人力资源与工薪循环的内部控制主要包括下面几个方面。

**1. 适当的职责分离**

为了防止向员工过量支付或向不存在的员工虚假支付工薪，人力资源部门应独立于工薪职能，负责确定员工的雇用、解雇及其支付率和扣减额的变化。

**2. 适当的授权**

人力资源部门应当对员工的雇用与解雇负责。对支付率和扣减额也应当进行适当的授权，每一个员工的工作时间，特别是加班时间，都应经过主管人员的授权。所有工时卡都应表明核准情况，例外的加班时间也应当经过核准。

**3. 适当的凭证和记录**

适当的凭证和记录依赖于工薪系统的特性。例如，工时卡或工时记录只针对计时工薪，而不能用于计件工薪。

**4. 资产和记录的实物控制**

支票应由有关专职人员签字，工薪应当由独立于工薪和考勤职能之外的人员发放。

**5. 工薪的独立检查**

工薪的计算应当独立验证。管理层成员或其他负责人应当复核工薪金额，以避免明显的错报和异常的金额。

## 三、确定人力资源与工薪循环可能发生错报的环节

审计人员需要确定和了解人力资源与工薪循环的错报在什么环节发生，即确定被审计单位应在哪些环节设置控制，以防止和发现并纠正各重要流程可能发生的错报。在人力资源与工薪循环中可能发生错报的主要环节如表 10-1 所示。

**表 10-1　人力资源与工薪循环可能发生错报的环节**

| 主要业务活动 | 可能的错报 | 关键控制点 |
| --- | --- | --- |
| 批准招聘 | 在工薪单上虚构员工、虚报与冒领工薪 | 应对工薪账项履行恰当的批准手续，经过特别审批或一般审批 |
| 记录工作时间或产量 | 未经授权的情况下更改总工薪付费标准；为员工并未工作的工时支付工薪 | 工时卡经领班核准；用生产记录表记录工时 |
| 计算工薪总额和扣除 | 工薪计提、扣款和支付不正确，薪酬费用分配不正确 | 工薪分配表、工薪汇总表完整反映已发生的工薪支出；采用适当的工薪费用分配方法 |
| 支付工薪净额 | 电子货币转账系统的银行账户不正确；支付应付工薪扣款的金额不正确；将工薪支付给错误的员工或长期未支付造成挪用现象 | 人事、考勤、工薪发放、记录等职责相分离 |

## 四、穿行测试

审计人员应当选择一笔或几笔交易进行穿行测试，追踪从批准招聘、记录工作时间或产量、计算工薪总额和扣除、支付工薪净额、生成记账凭证，到过账至应付职工薪酬明细账和总账的整个交易流程，以证实对交易活动和相关控制的了解是否正确和完整，并确定相关控制是否得到执行。

## 五、初步评价和风险评估

审计人员通过了解人力资源与工薪循环的内部控制，对相关控制的设计和执行情况进行评价，同时结合对被审计单位其他方面的了解，评估重大错报风险，以确定进一步审计程序的性质、时间和范围。如果了解到相关内部控制不存在或不值得信赖，审计人员可考虑执行实质性程序，而不进行控制测试。

# 任务二　应付职工薪酬的审计

## 一、应付职工薪酬审计的任务准备

2015 年 3 月 10 日，诚信会计师事务所的审计人员依据《审计准则》和正大公司 2014 年度财务报表审计的具体实施方案，负责应付职工薪酬的审计。审计人员实施了审阅、核对、函证等程序，编制了审计工作底稿目录，如表 10-2 所示。为了便于对应付职工薪酬审计工作过程和审计范围的理解、掌握及审计实务操作，将应付职工薪酬审计的实质性程序与审计目标的关系编制成"应付职工薪酬实质性程序表"，如表 10-3 所示。

**表 10-2　应付职工薪酬工作表目录**

| 编　号 | 项目名称 | 工作底稿名称 | 索引号 |
| --- | --- | --- | --- |
| 1 | 应付职工薪酬 | 应付职工薪酬实质性程序表 | FF71-0 |
| 2 | 应付职工薪酬 | 应付职工薪酬明细表 | FF71-1 |
| 3 | 应付职工薪酬 | 应付职工薪酬审定表 | FF71 |

**表 10-3　应付职工薪酬实质性程序表**

| 被审计单位：正大公司<br>项目：应付职工薪酬实质性程序<br>编制：沈琴<br>日期：2015.3.10 | 索引号：FF71-0<br>财务报表截止日/期间：2014.12.31<br>复核：赵仑海<br>日期：2015.3.11 | | | | |
| --- | --- | --- | --- | --- | --- |
| 审计目标 | 财务报表的认定 | | | | |
| | 存在 | 完整性 | 权利和义务 | 计价和分摊 | 披露 |
| A. 资产负债表中记录的应付职工薪酬是存在的 | √ | | | | |
| B. 所有应当记录的应付职工薪酬均已记录 | | √ | | | |
| C. 记录的应付职工薪酬是被审计单位应当履行的现时义务 | | | √ | | |
| D. 应付职工薪酬以恰当金额包括在财务报表中，与之相关的计价调整已恰当记录 | | | | √ | |
| E. 应付职工薪酬已按照《企业会计准则》规定在财务报表中做出恰当列报 | | | | | √ |

续表

| 审计目标 | 可供选择的实质性程序 | 是否执行 | 未执行原因 | 索引号 | 存在 | 完整性 | 权利和义务 | 计价和分摊 | 披露 |
|---|---|---|---|---|---|---|---|---|---|
| D | 获取或编制应付职工薪酬明细表，复核加计是否正确并与报表数、总账数和明细账合计数核对是否相符 | 是 | | FF71-1 | | | | √ | |
| ABD | 实质性分析程序 | 是 | | FF71-0 | √ | √ | | √ | |
| ABD | 检查工资、奖金、津贴和补贴。<br>(1)计提是否正确，依据是否充分。将执行的工薪标准与有关规定核对并对工薪总额进行测试。<br>(2)检查分配方法与上年是否一致。除因解除与职工的劳动关系给予的补偿直接计入管理费用外，是否根据职工提供服务的受益对象进行分配处理 | 是 | | FF71-1 | √ | √ | √ | | |
| ABD | 检查社会保险费、住房公积金、工会经费和职工教育经费 | 是 | | FF71-1 | √ | √ | | √ | |
| E | 检查应付职工薪酬是否已按照《企业会计准则》的规定在财务报表中做出恰当的列报，检查是否在附注中披露了与职工薪酬有关的主要信息：应当支付给职工的工薪、奖金、津贴和补贴及其期末应付未付金额；应为职工缴纳的医疗、养老、失业、工伤和生育的社会保险费及其期末应付未付金额；为职工缴存的住房公积金及其应付未付金额；为职工提供的非货币性福利及其计算依据；应当支付的因解除劳动关系给予补偿及其期末应付未付金额 | 是 | | FF71-1 | | | | | √ |
| | 其他程序(略) | | | | | | | | |

## 二、应付职工薪酬审计程序及案例分析

### (一)获取或编制应付职工薪酬明细表

审计人员应获取和编制应付职工薪酬明细表，复核加计是否正确，并与报表数、总账数和明细账合计数核对是否相符。

正大公司提供了2014年度应付职工薪酬明细表，审计人员对表中所列示的应付职工薪酬各个明细账户的期初余额、本期发生额和期末余额进行了计算和复核，结果准确无误，将其与总账数、报表数进行了核对，证明结果相符，如表10-4所示。

**表 10-4 应付职工薪酬明细表**

| 被审计单位:正大公司 | | | 索引号:FF71-1 | | |
|---|---|---|---|---|---|
| 项目:应付职工薪酬明细 | | | 财务报表截止日/期间:2014.12.31 | | |
| 编制:沈琴 | | | 复核:赵仑海 | | |
| 日期:2015.3.10 | | | 日期:2015.3.11 | | |
| 项目名称 | 期初余额 | 本期增加额 | 本期减少额 | 期末余额 | 备注 |
| 工资 | 248 513.50 | 346 000.00 | 346 000.00 | 248 513.50 | |
| 职工福利 | | | 15 626.50 | —15 626.50 | |
| 住房公积金 | | | | | |
| 医疗保险费 | | 152 640.00 | 181 153.50 | —28 513.50 | |
| 失业保险费 | | 264 240.00 | 294 240.00 | —30 000.00 | |
| 养老保险费 | | 103 680.00 | 103 680.00 | | |
| 工伤保险费 | | 33 084.00 | 33 084.00 | | |
| 生育保险费 | | 27 636.00 | 27 636.00 | | |
| 工会经费 | | | | | |
| 职工教育经费 | | | | | |
| 合计 | 248 513.50 | 927 280.00 | 1 001 420.00 | 174 373.50 | |
| 审计说明:此表中数据已与明细账、总账余额、报表数核对相符。 | | | | | |

### (二)应付职工薪酬审计分析程序

在人力资源和工薪循环的审计中,注册会计师为收集大多数审计证据,通常采用实质性分析程序。实质性分析程序在识别因错误或舞弊而导致的重大错报领域或证实支出列报和披露的公允性时非常有用,分析程序包括在对企业核心进程和相关财务处理进行了解时进行的前期比较、比率分析、财务与非财务信息的比较等。可能影响工薪金额变化的因素,如表 10-5 所示。

**表 10-5 应付职工薪酬实施性分析程序**

| 主要环节 | 实施的审计程序 |
|---|---|
| 分析可能影响工薪变化的因素 | 员工结构的变更及针对各类不同的平均工薪水平和工薪范围 |
| | 员工数量的变化及在季节性变化的情况下该数量的稳定性 |
| | 是否存在年度中由于企业经营或生产期限的限制而加班所支付的高工薪 |
| | 由于企业扩张而增加人员 |
| | 产量的变化,企业获得了大额合同,或丢失了主要客户或供应商,以较低产量生产 |
| 实质性分析程序 | 比较工人数的变动情况,检查各部门各月工薪费用的发生额是否有异常波动,若有,则查明波动原因,检查其是否合理 |
| | 比较本期与上期工薪费用总额,要求解释其增减变动原因,或取得公司管理层关于员工工薪标准的决议 |
| | 结合员工社保缴纳情况,明确员工范围,检查是否与关联公司员工工薪混淆列支 |
| | 核对相互独立部门的相关数据:工薪部门记录的工薪支出与出纳记录的工薪支付数;工薪部门记录的工时与生产部门记录的工时 |
| | 比较本期与上期应付职工薪酬余额是否有异常变动 |

审计人员在对正大公司2014年度的应付职工薪酬进行审计时，对员工人数的变动情况、本期与上期工薪费用总额等相关指标进行分析比较，未发现异常。

（三）应付职工薪酬细节测试

审计人员在对应付职工薪酬明细表相关项目进行核对、对相关指标实施分析程序后，还应该就实质性分析中的异常情况或者审计人员存在疑虑的地方进行检查，实施细节测试，重点检查工资、奖金、津贴、补贴，以及社会保险费、住房公积金、工会经费和职工教育经费等方面的计提、分配和列报情况。

审计人员对正大公司2014年度的应付职工薪酬进行审计时，取得该公司2014年12月份的工薪费用分配表，如表10-6所示。

**表10-6 正大公司2014年12月份的工薪费用分配表**

| 部门 | 人员类别 | 生产成本 | 制造费用 | 管理费用 | 销售费用 | 营业外支出 |
|---|---|---|---|---|---|---|
| 生产车间 | 生产工人 | 297 198 | | | | |
| | 管理人员 | | 11 742 | | | |
| 销售部门 | 门市部人员 | | | | 5 700 | |
| 膳食科 | 炊事人员 | | | | | 2 600 |
| 公司总部 | 管理人员 | | | 77 200 | | |
| 其他 | 固定资产清理 | 12 500 | | | | |
| | 基建人员 | 8 800 | | | | |
| | 内部研发人员 | | | | | 12 000 |

## 学生独立做

根据表10-4、表10-6等编制“应付职工薪酬审定表”（见表10-7）。

**表10-7 应付职工薪酬审定表**

被审计单位：正大公司　　索引号：FF71
项目：　　财务报表截止日/期间：
编制：　　复核：
日期：　　日期：

| 项目名称 | 期末未审数 | 账项调整 | | 重分类调整 | | 期末审定数 | 上期末审定数 |
|---|---|---|---|---|---|---|---|
| | | 借方 | 贷方 | 借方 | 贷方 | | |
| 工资 | | | | | | | |
| 职工福利 | | | | | | | |
| 住房公积金 | | | | | | | |
| 医疗保险费 | | | | | | | |
| 失业保险费 | | | | | | | |
| 养老保险费 | | | | | | | |

续表

| 项目名称 | 期末未审数 | 账项调整 | | 重分类调整 | | 期末审定数 | 上期末审定数 |
|---|---|---|---|---|---|---|---|
| | | 借方 | 贷方 | 借方 | 贷方 | | |
| 工伤保险费 | | | | | | | |
| 生育保险费 | | | | | | | |
| 工会经费 | | | | | | | |
| 职工教育经费 | | | | | | | |
| 合计 | | | | | | | |
| 调整分录： | | | | | | | |
| 内容 | 科目名称 | 金额 | 金额 | 金额 | 金额 | | |
| | | | | | | | |
| | | | | | | | |
| 审计结论： | | | | | | | |

# 项目十一

# 审计差异调整

## 任务一　了解审计差异调整

### 一、审计差异与审计差异调整

**1. 审计差异**

在完成按业务循环进行的测试与财务报表项目的实质性程序的审计后，对审计项目组成员在审计中发现的被审计单位的会计处理方法与《企业会计准则》的不一致，即审计差异。审计项目经理应根据审计重要性原则予以初步确定并汇总，并建议被审计单位进行调整，使经审计的财务报表所载信息能够公允地反映被审计单位的财务状况、经营成果和现金流量。

**2. 审计差异调整**

审计差异调整是指审计人员通过调整和纠正在审计过程中发现的错误和舞弊事项，使企业的经济活动和经营成果得以真实、正确地反映，是审计结束前的一项重要工作。对审计差异的调整过程，主要是通过编制审计差异调整表和试算平衡表得以完成的。

### 二、审计差异分类

审计差异按是否需要调整账户记录可以分为核算错误和重分类错误。二者有本质上的区别。

**1. 核算错误**

核算错误是指被审计单位对交易与事项进行不恰当的核算(确认、计量与记录而引起的错误，如虚构销售、漏记负债)。如出现核算错误，被审计单位不仅需要调整报表，还需要调整相关账户记录。核算错误具体分以下两种情况。

(1)建议调整的不符事项。审计人员既要在工作底稿上记录，又应该要求被审计单位调整财务报表的相关项目。

(2)未建议调整的不符事项。审计人员只需要在工作底稿上记录，不要求被审计单位调整财务报表的相关项目。

**2. 重分类错误**

重分类错误是指被审计单位未按照适用的《企业会计准则》和相关会计制度的规定编制财务报表而引起的错误。例如，企业在应收账款项目反映预收账款，在应付账款项目反映预付账款。

## 三、审计差异的调整原则

### (一)核算错误调整

**1. 建议调整的不符事项**

(1)对于单笔核算错误超过所涉及财务报表项目层次重要性水平的，应视为建议调整的不符事项。对于建议调整的不符事项，审计人员需要在工作底稿上记录，并且要求被审计单位调整报表相关的项目。例如，冲减管理部门固定资产多提折旧 4 万元，相关调整分录如下：

借：固定资产——累计折旧　　　40 000

　贷：管理费用　　　　　　　　　40 000

假设累计折旧的重要性水平为 10 万元，管理费用的重要性水平为 2 万元，而该笔错报金额为 4 万元，超过了涉及的管理费用的重要性水平，故该笔审计调整分录应归为建议调整的不符事项。

(2)对于单笔核算错误低于所涉及财务报表项目层次重要性水平，但性质重要的，如涉及舞弊和违法行为的错误、影响收益趋势等的核算错误，应视为建议调整的不符事项。例如，被审计单位财务人员个人家庭购买一台计算机 8 000 元，但是通过将抬头写成被审计单位名称的方式在被审计单位的财务账上报销，会计账户将其列支为“固定资产”。相关调整分录如下：

借：银行存款　　　8 000

　贷：固定资产　　　　8 000

假设银行存款的重要性水平为 30 000 元，固定资产的重要性水平为 120 000 元，该笔错报金额为 8 000 元，虽然金额小于重要性水平，但是该行为属于违规，故应归为建议调整的不符事项。

**2. 不建议调整的不符事项**

对于单笔核算错误大大低于所涉及财务报表项目(账项)层次重要性水平，并且性质不重要的，一般应视为不建议调整的不符事项，审计人员需要在工作底稿上记录，但是未调整不符事项汇总数超过财务报表项目层次重要性水平时，应从中选取几笔转为建议调整的不符事项，使未调整的不符事项汇总金额降至重要性水平之下。例如，审计人员对被审计单位的折旧进行重新计算程序后，与被审计单位原报数相比，少提折旧 300 元。相关调整分录如下：

借：管理费用　　　300

　贷：累计折旧　　　300

假设累计折旧的重要性水平为 10 万元，管理费用的重要性水平为 2 万元，则该笔错报金额 300 元小于重要性水平，故归为不建议调整的不符事项。

### (二)重分类错误调整

审计人员需要在工作底稿上记录，并且要求被审计单位调整报表相关项目，不管错误大小都需要进行调整。常见的重分类调整事项如下。

(1)应收款项与预付款项。

(2)应付款项与预收款项。

(3)一年内到期的非流动资产(错列为非流动资产)。

(4)一年内到期的非流动负债(错列为非流动负债)。

重分类错误只需要调整财务报表项目,不需要调整有关账户记录。

# 任务二 进行审计差异调整

## 一、审计差异调整步骤

在完成按业务循环和财务报表项目的审计程序后,审计项目组成员需要编制审计差异调整表进行汇总。运用审计重要性原则来进一步划分审计过程中发现的核算错误,是正确编制审计差异调整表的关键。具体调整步骤如下。

(一)确定审计差异的种类

(1)对于单笔核算错误超过所涉及财务报表项目(或账项)层次重要性水平的,应视为建议调整的不符事项。

(2)对于单笔核算错误低于所涉及财务报表项目(或账项)层次重要性水平,但性质重要的,如涉及舞弊与违法行为的、影响收益趋势的核算错误等,也应视为建议调整的不符事项。

(3)对于单笔核算错误低于所涉及财务报表项目(或账项)层次重要性水平,并且性质也不重要的,应视为不建议调整的不符事项。但当若干笔同类型不建议调整的不符事项汇总差异数超过财务报表项目(或账项)层次重要性水平时,应从中选取几笔转为建议调整的不符事项,使未调整不符事项汇总金额降至项目层次重要性水平之下。

(二)与被审计单位管理层沟通,取得同意调整的书面文件

审计项目组在最终确定了建议调整的不符事项和重分类错误后,应以书面方式及时与被审计单位管理层沟通,征求被审计单位对需要调整财务报表事项的意见。若被审计单位予以采纳,应取得被审计单位同意调整的书面确认;若被审计单位不予采纳,应分析原因,同时将此项审计差异和不建议调整的不符事项汇总到未更正错报汇总表中,并根据未调整不符事项的重要程度,确定是否在审计报告中予以反映,以及如何反映。

(三)汇总审计差异

经过与管理层沟通后,审计人员可以将审计差异分别汇总到账项调整分录汇总表、重分类调整分录汇总表和未更正错报汇总表中。

(四)编制试算平衡表

试算平衡表是审计人员在被审计单位提供未审财务报表的基础上,考虑账项调整分录、重分类分录等内容以确定已审数与报表披露数的表式。在手工编制试算平衡表时,可以先按财务

报表项目设置“丁”字账户，按调整分录和重分类分录分别进行汇总，然后按报表项目将汇总后的借方发生额、贷方发生额分别过入试算平衡表中的“账项调整金额”和“重分类调整金额”栏内。

（五）审计工作底稿的复核

会计师事务所应当建立完善的审计工作底稿分级复核制度。审计工作底稿的复核一般可分为两个层次：项目组内部复核和独立的项目质量控制复核。

**1. 项目组内部复核**

项目组内部复核又分为两个层次：审计项目经理的现场复核和项目合伙人的复核。审计项目经理的现场复核通常在审计现场完成，以便及时发现和解决问题，争取审计工作的主动。项目合伙人的复核是对审计项目经理复核的再监督，也是对重要审计事项的重点把关。

**2. 独立的项目质量控制复核**

项目质量控制复核是指在出具审计报告前，对项目组做出的重大判断和在准备报告时形成的结论做出客观评价的过程。

## 二、审计差异调整实训

### 师生教学做

【实训材料】

诚信会计师事务所项目组成员于 2015 年 2 月 26 日完成了对天贸公司 2014 年度财务报表的外勤审计工作，将所填写的工作底稿交给项目经理张守法。审计工作底稿的内容如下。

（1）报表层次的重要性水平为 16 万元。报表各项目的可容忍错报不超过报表层次的重要性水平的 60%。

（2）有关账户层次重要性水平如表 11-1 和表 11-2 所示。

**表 11-1　资产负债表各账户层次的重要性水平**

| 资　　产 | 可容忍错报 | 负债及所有者权益 | 可容忍错报 |
|---|---|---|---|
| 货币资金 | 5 000 | 应付账款 | 20 000 |
| 应收账款 | 30 000 | 应付职工薪酬 | 10 000 |
| 其他应收款 | 15 000 | 应交税费 | 5 000 |
| 存货 | 80 000 | 预收账款 | 20 000 |
| 固定资产 | 30 000 | 未分配利润 | 40 000 |
| 合计 | 160 000 | 合计 | 95 000 |

**表 11-2　利润表各账户层次的重要性水平**

| 项　　目 | 可容忍错报 |
|---|---|
| 营业收入 | 80 000 |
| 营业成本 | 30 000 |
| 管理费用 | 20 000 |
| 销售费用 | 30 000 |
| 所得税 | 20 000 |
| 合计 | 180 000 |

(3)审计工作底稿显示的各种错报及调整分录如下。

①在营业收入审计中,审计人员发现天贸公司2014年12月31日销售给黄河机电公司的普通车床、刻模铣床,属于提前确认收入563 000元,同时结转成本316 000元。审计人员应要求天贸公司做如下调整分录:

借:营业收入——主营业务收入　　563 000
　应交税费——应交增值税(销项税额)　　95 710
　贷:应收账款——黄河机电公司　　658 710
借:存货——库存商品　　316 000
　贷:营业成本——主营业务成本　　316 000

②在应收账款审计中,审计人员发现天贸公司虚构对黄山机电公司的普通车床销货款,虚增应收账款253 000元和主营业务收入216 239.32元,同时虚转成本120 000元。审计人员应要求天贸公司做如下调整分录:

借:营业收入——主营业务收入　　216 239.32
　应交税费——应交增值税(销项税额)　　36 760.68
　贷:应收账款——黄河机电公司　　253 000
借:存货——库存商品　　120 000
　贷:营业成本——主营业务成本　　120 000

③在应收账款审计中,审计人员发现黄海起重机械公司的货款123 000元已被出纳挪用。审计人员应要求天贸公司做如下调整分录:

借:其他应收款——出纳××　　123 000
　贷:应收账款——黄海起重机械公司　　123 000

④在应收账款审计中,天贸公司应收宏源公司的销货款经查证是预收账款,明细账出现贷方余额257 200元。审计人员应要求天贸公司做重分类调整分录:

借:应收账款——宏源公司　　257 000
　贷:预收账款——宏源公司　　257 000

⑤在应付账款审计中,应付南翔公司购货款,经查证是预付账款,明细账出现借方余额10 000元。审计人员应要求天贸公司做重分类调整分录:

借:预付账款——南翔公司　　10 000
　贷:应付账款——南翔公司　　10 000

⑥在应付账款审计中,审计人员发现天贸公司于2014年11月底购买鞍山钢铁公司的圆钢验收入库单,但是追查至相应的记账凭证和应付账款明细账中并未登记该笔业务。同时,审计人员在存货监盘后发现天贸公司于2014年年末从鞍山钢铁公司购入的圆钢已经到货,其增值税发票也已收到,货款为256 000元,期末应付账款未及时入账。审计人员应要求天贸公司做如下调整分录:

借:存货——圆钢　　256 000
　应交税费——应交增值税(进项税额)　　43 520
　贷:应付账款——鞍山钢铁公司　　299 520

⑦在固定资产的审计中,本年度新增的固定资产中,将实属管理用办公楼装修装潢的费用支出200 000元结转计入了固定资产的价值。审计人员应提请天贸公司将200 000元计入长期

待摊费用并按其耐用年限分期摊销。审计人员应要求天贸公司做如下调整分录。

a.将固定资产转入长期待摊费用：

借:长期待摊费用　　200 000

　贷:固定资产——办公楼　　200 000

b.冲销已计提折旧：

借:固定资产——累计折旧　　10 000

　贷:管理费用　　10 000

借:管理费用　　10 000

　贷:长期待摊费用　　10 000

⑧在固定资产及累计折旧审计中,办公用空调设备少计提 7 个月折旧费 140 000 元,审计人员提醒天贸公司补提折旧。审计人员应要求天贸公司做如下调整分录：

借:管理费用　　140 000

　贷:固定资产——累计折旧　　140 000

⑨在货币资金审计中,审计人员在监盘库存现金时,发现有白条抵库(赵申清借款)1 500 元,应及时入账;现金短款 2 600 元,应由出纳赔偿。审计人员应要求天贸公司做如下调整分录：

借:其他应收款——赵申清　　1 500

　其他应收款——出纳××　　2 600

　贷:货币资金——库存现金　　4 100

⑩在存货审计中,审计人员监盘程序结束后,发现盘亏周转材料——专用工具 120 把,金额 5 400 元。审计人员应要求天贸公司做如下调整分录：

借:管理费用　　5 400

　贷:存货——周转材料　　5 400

⑪在存货计价测试中,审计人员重新计算期末存货的计价准确性,发现外购半成品轴承 D318 期末余额计价错误,导致少转成本,多计结存 8 200 元。审计人员应要求天贸公司做如下调整分录：

借:存货——产成品　　8 200

　贷:存货——原材料　　8 200

借:营业成本——主营业务成本　　8 200

　贷:存货——产成品　　8 200

⑫在应付职工薪酬审计中,发现膳食科炊事员工薪 2 600 元计入营业外支出。审计人员应要求天贸公司做如下调整分录：

借:管理费用　　2 600

　贷:营业外支出　　2 600

【实训要求】

将审计差异的错报和舞弊与所涉及的认定的层次重要性水平比较。请代项目经理张守法列出上述错报分别属于哪一类审计差异。

(1)属于建议调整的不符事项有：

(2)属于不建议调整的不符事项有：

(3)属于重分类错误调整的事项有：

## 学生独立做

【实训材料】

(1)诚信会计师事务所项目组成员完成对天贸公司 2014 年度财务报表的外勤审计工作所填写的工作底稿，以及确认的审计差异。

(2)项目经理张守法于 2015 年 3 月 1 日复核完成工作底稿后，就发现的问题与天贸公司的管理层进行沟通，天贸公司同意调整部分事项，对于事项①和事项⑥，天贸公司拒绝调整。项目经理张守法决定据此编制审计差异调整表。

【实训要求】

请代项目经理编制审计差异调整表，包括"账项调整分录汇总表"(见表 11-3)、"重分类调整分录汇总表"(见表 11-4)和"未更正错报汇总表"(见表 11-5)。

表 11-3　账项调整分录汇总表

被审计单位：天贸公司　　　　索引号：EA-1

项目：账项调整分录汇总　　　　财务报表截止日/期间：2014.12.31

编制：张守法　　　　复核：李源龙

日期：2015.3.2　　　　日期：2015.3.3

| 序号 | 内容及说明 | 索引号 | 调 整 内 容 | | | | 影响资产负债表金额＋(－) | 影响利润表金额＋(－) |
|---|---|---|---|---|---|---|---|---|
| | | | 借方项目 | 借方金额 | 贷方项目 | 贷方金额 | | |
| | | | | | | | | |
| | | | | | | | | |
| | | | | | | | | |
| | | | | | | | | |

与被审计单位的沟通：

参加人员：

被审计单位：启明星(董事长)、王书杰(总经理)、高星海(财务处长)

审计项目组：张守法(项目经理)、王三胜、李佑任、陈胜、张建军、郑红梅

被审计单位意见：建议上述事项调整

结论：

是否同意上述审计调整：同意调整

被审计单位授权代表签字：启明星　　　　日期：2015 年 3 月 2 日

**表 11-4　重分类调整分录汇总表**

被审计单位:天贸公司　　　　索引号:EB-1

项目:重分类调整分录汇总　　　　财务报表截止日/期间:2014.12.31

编制:张守法　　　　复核:李源龙

日期:2015.3.2　　　　日期:2015.3.3

| 序号 | 内容及说明 | 索引号 | 调整内容 | | | |
|---|---|---|---|---|---|---|
| | | | 借方项目 | 借方金额 | 贷方项目 | 贷方金额 |
| | | | | | | |
| | | | | | | |
| | | | | | | |
| | | | | | | |
| | | | | | | |
| | | | | | | |

与被审计单位的沟通:

参加人员:

被审计单位:启明星(董事长)、王书杰(总经理)、高星海(财务处长)

审计项目组:张守法(项目经理)、王三胜、李佑任、陈胜、张建军、郑红梅

被审计单位意见:建议上述事项调整

结论:

是否同意上述审计调整:同意调整

被审计单位授权代表签字:启明星　　　　日期:2015 年 3 月 2 日

**表 11-5　未更正错报汇总表**

被审计单位：天贸公司　　　　索引号：ED-3

项目：未更正错报汇总　　　　财务报表截止日/期间：2014.12.31

编制：张守法　　　　复核：李源龙

日期：2015.3.2　　　　日期：2015.3.3

| 序号 | 内容及说明 | 索引号 | 调整内容 | | | | 备注 |
|---|---|---|---|---|---|---|---|
| | | | 借方项目 | 借方金额 | 贷方项目 | 贷方金额 | |
| | | | | | | | |
| | | | | | | | |
| | | | | | | | |
| | | | | | | | |
| | | | | | | | |
| | | | | | | | |
| | | | | | | | |

未更正错报的影响：

| 项目 | 金额 | 百分比 | 计划百分比 |
|---|---|---|---|
| 1.总资产 | ________ | ________ | ________ |
| 2.净资产 | ________ | ________ | ________ |
| 3.销售收入 | ________ | ________ | ________ |
| 4.费用总额 | ________ | ________ | ________ |
| 5.毛利 | ________ | ________ | ________ |
| 6.净利润 | ________ | ________ | ________ |

结论：被审计单位授权代表签字：____________　日期：____________

## 师生教学做

【实训材料】

(1)账项调整分录汇总表(见表 11-3)相关数据。

(2)天贸公司适用所得税率 25%。

【实训要求】

代项目经理张守法完成以下任务:

(1)计算错报影响利润额。

(2)计算错报影响企业所得税额。

(3)根据错报影响的所得税额编制调整分录。

## 学生独立做

【实训材料】

(1)账项调整分录汇总表(见表 11-3)。

(2)重分类调整分录汇总表(见表 11-4)。

(3)错报影响所得税调整分录。

【实训要求】

代项目经理编制资产负债表试算平衡表(见表 11-6)和利润表试算平衡表(见表 11-7)。

**表 11-6 资产负债表试算平衡表**

被审计单位:天贸公司　　索引号:ED-3

项目:资产负债表试算平衡表　　财务报表截止日/期间:2014.12.31

编制:张守法　　复核:李源龙

日期:2015.3.2　　日期:2015.3.3

| 项　目 | 期末未审数 | 账项调整 | | 重分类调整 | | 期末审定数 | 项　目 | 期末未审数 | 账项调整 | | 重分类调整 | | 期末审定数 |
|---|---|---|---|---|---|---|---|---|---|---|---|---|---|
| | | 借方 | 贷方 | 借方 | 贷方 | | | | 借方 | 贷方 | 借方 | 贷方 | |
| 货币资金 | 1 693 029.80 | | | | | | 短期借款 | 925 200.00 | | | | | |
| 交易性金融资产 | 274 000.00 | | | | | | 交易性金融负债 | | | | | | |
| 应收票据 | 98 982.00 | | | | | | 应付票据 | 40 000.00 | | | | | |
| 应收账款 | 1 808 000.00 | | | | | | 应付账款 | 862 000.00 | | | | | |
| 预付账款 | 169 825.00 | | | | | | 预收账款 | | | | | | |

续表

| 项目 | 期末未审数 | 账项调整 | | 重分类调整 | | 期末审定数 | 项目 | 期末未审数 | 账项调整 | | 重分类调整 | | 期末审定数 |
|---|---|---|---|---|---|---|---|---|---|---|---|---|---|
| | | 借方 | 贷方 | 借方 | 贷方 | | | | 借方 | 贷方 | 借方 | 贷方 | |
| 应收利息 | 50 000.00 | | | | | | 应付职工薪酬 | 174 373.50 | | | | | |
| 应收股利 | 100 000.00 | | | | | | 应交税费 | 286 225.59 | | | | | |
| 其他应收款 | 4 000.00 | | | | | | 应付利息 | 14 000.00 | | | | | |
| 存货 | 3 435 894.69 | | | | | | 应付股利 | 408 475.20 | | | | | |
| 1年内到期的非流动资产 | | | | | | | 其他应付款 | 77 005.00 | | | | | |
| 其他流动资产 | | | | | | | 1年内到期的非流动负债 | | | | | | |
| 可供出售的金融资产 | | | | | | | 其他流动负债 | | | | | | |
| 持有至到期投资 | 770 000.00 | | | | | | 长期借款 | 914 800.00 | | | | | |
| 长期应收款 | | | | | | | 应付债券 | 965 440.00 | | | | | |
| 长期股权投资 | 265 200.00 | | | | | | 长期应付款 | 193 500.00 | | | | | |
| 投资性房地产 | | | | | | | 专项应付款 | | | | | | |
| 固定资产 | 9 980 337.54 | | | | | | 预计负债 | | | | | | |
| 在建工程 | | | | | | | 递延所得税负债 | 277 355.00 | | | | | |
| 工程物资 | | | | | | | 其他非流动负债 | | | | | | |
| 固定资产清理 | | | | | | | 实收资本 | 9 340 470.00 | | | | | |
| 生产性生物资产 | | | | | | | 资本公积 | 658 330.00 | | | | | |
| 油气资产 | | | | | | | 减:库存股 | | | | | | |
| 无形资产 | 43 231.50 | | | | | | 盈余公积 | 1 163 066.60 | | | | | |
| 开发支出 | | | | | | | 未分配利润 | 2 419 515.29 | | | | | |
| 商誉 | | | | | | | | | | | | | |
| 长期待摊费用 | | | | | | | | | | | | | |
| 递延所得税资产 | 27 255.65 | | | | | | | | | | | | |
| 其他非流动资产 | | | | | | | | | | | | | |
| 资产总计 | 18 719 756.18 | | | | | | 负债及所有者权益总计 | 18 719 756.18 | | | | | |

表 11-7 利润表试算平衡表

被审计单位：天贸公司　　索引号：ED-3

项目：利润表试算平衡表　　财务报表截止日/期间：2014.12.31

编制：张守法　　复核：李源龙

日期：2015.3.2　　日期：2015.3.3

| 项　　目 | 审计前金额 | 调整金额 | | 审定金额 |
|---|---|---|---|---|
| | | 借方 | 贷方 | |
| 一、营业收入 | 16 309 865.38 | | | |
| 减：营业成本 | 7 556 963.56 | | | |
| 营业税金及附加 | 353 039.56 | | | |
| 销售费用 | 318 355.00 | | | |
| 管理费用 | 5 686 586.48 | | | |
| 财务费用 | 279 718.60 | | | |
| 资产减值损失 | 20 019.70 | | | |
| 加：公允价值变动收益(损失以"－"号填列) | －12 000.00 | | | |
| 投资收益(损失以"－"号填列) | 693 695.00 | | | |
| 其中：对联营企业和合营企业的投资收益 | | | | |
| 二、营业利润(亏损以"－"号填列) | 2 776 877.48 | | | |
| 加：营业外收入 | 235 500.00 | | | |
| 减：营业外支出 | 629 925.00 | | | |
| 其中：非流动资产处置损失 | | | | |
| 三、利润总额(亏损以"－"号填列) | 2 382 452.48 | | | |
| 减：所得税费用 | 595 613.12 | | | |
| 四、净利润(净亏损以"－"号填列) | 1 786 839.36 | | | |

# 项目十二

# 出具审计报告

## 任务一　认知审计报告

### 一、审计报告的含义

审计报告是指注册会计师根据《审计准则》的规定，在实施审计工作的基础上对被审计单位财务报表发表意见的书面文件。注册会计师应当在审计报告中清楚地表达对财务报表的意见，并对出具的审计报告负责。

审计报告是注册会计师在完成工作后向委托人提交的最终产品。审计报告具有以下特征。

(1)注册会计师应当按照《审计准则》的规定执行审计工作。

(2)注册会计师在实施审计工作的基础上才能出具审计报告。

(3)注册会计师通过对财务报表发表意见履行业务约定书约定的责任。

(4)注册会计师应当以书面形式出具审计报告。

### 二、审计报告的作用

注册会计师签发的审计报告主要具有鉴证、保护和证明三个方面的作用。

**1. 鉴证作用**

注册会计师签发的审计报告，不同于政府审计和内部审计的审计报告，是以超然独立的第三者身份对被审计单位财务报表的合法性、公允性发表意见。这种意见具有鉴证作用，得到了政府及其各部门和社会各界的普遍认可。政府有关部门如财政部税务部门等了解、掌握企业的财务状况和经营成果的主要依据是企业提供的财务报表。财务报表是否合法、公允，主要依据注册会计师的审计报告做出判断。股份制企业的股东主要依据注册会计师的审计报告来判断被投资企业的财务报表是否公允地反映了财务状况和经营成果，以进行投资决策等。

**2. 保护作用**

注册会计师通过审计可以对被审计单位财务报表出具不同类型审计意见的审计报告，以提高或降低财务报表信息使用者对财务报表的信赖程度，能够在一定程度上对被审计单位的财产、债权人和股东的权益，以及企业利害关系人的利益起到保护作用。例如，投资者为了减少投资风险，在进行投资之前，必须要查阅被投资企业的财务报表和注册会计师的审计报告，了解被投资企业的经营情况和财务状况。投资者根据注册会计师的审计报告做出投资决策，可以降低其投资风险。

**3. 证明作用**

审计报告是对注册会计师审计任务完成情况及其结果做出的总结。它可以表明审计工作的质量并明确注册会计师的责任。因此，审计报告可以对审计工作质量和注册会计师的审计责任起到证明作用。审计报告可以证明注册会计师在审计过程中是否实施了必要的审计程序，是否以审计工作底稿为依据发表审计意见，发表的审计意见是否与被审计单位的实际情况相一致，审计工作的质量是否符合要求。审计报告可以证明注册会计师审计责任的履行情况。

## 三、审计意见及其类型

审计意见是注册会计师在完成审计工作后，对于鉴证对象是否符合鉴证标准而发表的意见。对于财务报表审计而言，审计意见是对财务报表是否已按照适用的会计准则编制，以及财务报表是否在重大方面公允地反映了被审计单位的财务状况、经营成果和现金流量发表意见。审计意见分为无保留意见和非无保留意见两大类。

### （一）无保留意见

无保留意见分为标准无保留意见和带强调事项段的无保留意见。

**1. 标准无保留意见**

出具标准无保留意见的审计报告必须是被审计单位财务报表的编制同时满足以下几个条件。

(1)财务报表符合国家颁布的《企业会计准则》和相关会计制度。

(2)财务报表在所有重大方面公允反映了被审计单位的财务状况、经营成果和现金流量。

(3)已按照《审计准则》的要求实施了审计工作，在审计过程中未受到阻碍和限制。

(4)不存在应调整或披露而被审计单位未予调整或披露的重要事项。

当出具标准无保留意见的审计报告时，注册会计师审计应当以“我们认为”作为意见段的开头，并使用“在所有重大方面”“公允反映”等术语。

**2. 带强调事项段的无保留意见**

审计报告的强调事项段是指注册会计师在审计意见段之后增加的对重大事项予以强调的段落。

(1)强调事项应当同时符合下列条件。

①可能对财务报表产生重大影响，但被审计单位进行了恰当的会计处理，且在财务报表中做出公允披露。

②不影响注册会计师发表的审计意见。注册会计师应当在强调事项段指明，该段内容仅用于提醒财务报表使用者关注，并不影响已发表的审计意见。强调事项段可以出现在无保留意见、保留意见的审计报告的意见段之后。

(2)注册会计师应当在审计意见段之后增加强调事项段的情况包括以下几种。

①对持续经营能力产生重大疑虑。当存在可能导致对持续经营能力产生重大疑虑的事项

或情况,但不影响已发表的审计意见时,注册会计师应当在审计意见段之后增加强调事项段对此予以强调。例如,被审计单位有巨额债务即将到期等。

②重大不确定事项。当存在可能对财务报表产生重大影响的不确定事项(持续经营问题除外),但不影响已发表的审计意见时,注册会计师应当考虑在审计意见段之后增加强调事项段对此予以强调。例如,被审计单位受到其他单位起诉,指控其侵犯专利权,要求其停止侵权行为并赔偿造成的损失,法院已经受理但尚未审理。该诉讼事项是一种不确定事项,因为诉讼事项的结果依赖于法院的判决或原告采取的行动,不受被审计单位直接控制,也不以被审计单位的意志为转移。但该诉讼事项一旦被法院审理判决,可能给被审计单位带来损失。

③其他《审计准则》规定增加强调事项段的情形。

除上述三种情形外,注册会计师不应在审计报告的审计意见之后增加强调事项段或任何解释性段落,以免财务报表使用者产生误解。

(二)非无保留意见

非无保留意见包括保留意见、否定意见和无法表示意见。

**1. 保留意见**

保留意见是指注册会计师认为被审计单位的财务报表就整体而言是公允的,但对财务报表的反映有所保留的审计意见。一般是由于某些事项的存在,使无保留意见的条件不完全具备,影响了被审计单位财务报表的表达,因而注册会计师对无保留意见加以修正,对影响事项提出保留意见,并表示对该意见负责。

如果认为财务报表是公允的,则存在下列情形之一时,注册会计师应当出具保留意见的审计报告。

(1)会计政策的选用、会计估计的做出或财务报表的披露不符合《企业会计准则》和相关会计制度的规定,虽影响重大,但不至于出具否定意见的审计报告。

(2)因审计范围受到限制,无法获取充分、适当的审计证据,虽影响重大,但不至于出具无法表示意见的审计报告。

当出具保留意见的审计报告时,注册会计师应当在审计意见段中使用“除……的影响外”等术语,如果因范围受到限制,注册会计师还应当在注册会计师的责任段中提及这一情况。

**2. 否定意见**

否定意见是指与无保留意见相反,注册会计师对财务报表公允地反映被审计单位财务状况、经营成果和现金流量不认可的审计意见,即被审计单位的财务报表不符合国家颁布的《企业会计准则》和相关会计制度的规定,未能公允地反映被审计单位的财务状况、经营成果和现金流量。这种情况在审计实务中很少见。

当出现以下情况时,注册会计师应出具否定意见的审计报告。

(1)当未调整事项、未确定事项等对财务报表的影响超出一定范围,以致对财务报表产生了无法接受的影响,被审计单位的财务报表已失去价值时。

(2)当注册会计师认为被审计单位的财务报表不符合国家颁布的《企业会计准则》和相关会计制度的规定,未能从整体上公允反映被审计单位的财务状况、经营成果和现金流量时。

当出具否定意见的审计报告时,注册会计师应于意见段之前另设说明段,说明所持否定意见的理由,并在意见段中使用“由于上述问题造成的重大影响”等术语,并指出财务报表“不能公允地反映”问题。

**3. 无法表示意见**

注册会计师出具无法表示意见，不是注册会计师拒绝接受委托，也不是不愿发表意见，而是注册会计师实施了一系列的审计程序后发表审计意见的一种方式。

出具无法表示意见的审计报告的条件是：注册会计师在审计过程中，由于审计范围受到主观或客观环境的限制，不能对某些重要事项取得审计证据，没有完成取证工作，使得注册会计师无法判断问题的归属及其对财务报表的影响程度，因而无法表示（肯定、否定或保留）意见。

## 四、区分审计报告类型的重要依据

注册会计师在出具保留意见、否定意见和无法表示意见的审计报告时，要判断是否符合国家发布的《企业会计准则》和相关会计制度的规定或因审计范围受到限制是否影响重大，往往离不开重要性水平。在其他条件相同的情况下，重要性水平是考虑审计报告类型的重要依据。如果某项错报或审计范围受到限制，对被审计单位财务报表的影响并不重要，预计也不会对未来各期财务报表产生重要影响，注册会计师就可出具无保留意见的审计报告。

（一）错报金额与重要性水平的比较

根据《独立审计具体准则第 10 号——审计重要性》，重要性是指被审计单位财务报表中错报的严重程度。这一程度在特定环境下可能影响财务报表使用者的判断或决策。在确定审计程序的性质、时间和范围，以及评价审计结果时，注册会计师应当合理运用重要性原则。注册会计师对重要性水平的评估取决于被审计单位的具体情况、财务报表的性质和自身的专业判断。注册会计师在运用重要性原则时，应当考虑错报的金额和性质，并合理选用重要性水平的判断基础，采用固定比率、变化比率等确定财务报表层次的重要性水平。

重要性水平的判断基础通常包括资产总额、净资产、营业收入和净利润等。例如，注册会计师可以采用资产总额的 0.5%～1%、净资产的 1%、营业收入的 0.5%～1%，或净利润的 5%～10%等确定重要性水平。

下面将错报金额（或审计范围受到限制金额）与重要性水平进行比较，以判断出具审计报告的类型。

**1. 错报金额不重要**

若错报金额或审计范围受到限制而影响的金额不大、远远低于重要性水平，不至于影响财务报表使用者的决策，因而注册会计师认为该金额是不重要的，就可以出具无保留意见的审计报告。例如，被审计单位办公用品直接作为管理费用，因其金额很小，错报就不重要，可以出具无保留意见的审计报告。

**2. 错报金额重要但就财务报表整体而言是公允的**

若错报金额或审计范围受到限制的金额超过重要性水平，在某些方面影响财务报表使用者的决策，但对财务报表整体而言仍然是公允的，注册会计师可以出具保留意见的审计报告。例如，被审计单位在资产负债表日拥有的存货金额较大（超过重要性水平），已将其用作商业银行贷款抵押品，但没有在财务报表附注中进行披露。如果其他商业银行利用该财务报表进行贷款决策，因不了解存货已作抵押就会受到一定影响。但存货的错报并不影响现金、应收账款、其他财务报表项目及整个财务报表。因此，注册会计师出具保留意见的审计报告是合适的。

**3. 错报金额非常重大且影响非常广泛，以致财务报表整体公允性存在问题**

若错报金额或审计范围受到限制的金额非常重大且影响又非常广泛，将会全面影响财务报表使用者的决策，注册会计师应当出具否定意见或无法表示意见的审计报告。例如，被审计单位在资产负债表日拥有的存货金额很大，远远超过重要性水平。如果存货出现错报，对财务报表许多项目乃至整个财务报表都会产生影响。因此，注册会计师需要考虑存货错报对净资产、流动资产、营运资本、资产总额、销售成本、利润总额、所得税、税后净利润的综合影响。在判断综合影响时，必须考虑该项目对财务报表其他项目的影响程度，即牵扯性。现金和应收账款之间的分类不当只会影响这两个账户，因此并无牵扯性；而一项重要的销售业务没有入账则影响应收账款、流动资产、资产总额、销售收入、利润总额、所得税、净利润、留存收益等，因此牵扯很广。

(二)判断错报金额的影响

在实际工作中，确定错报金额或审计范围受到限制的金额对财务报表的影响程度并不容易，需要根据具体情况进行判断。

如果因会计政策的选用、会计估计的做出或财务报表的披露不符合国家发布的《企业会计准则》和相关的会计制度规定，注册会计师应当采取以下措施判断错报金额产生的影响。

(1)将错报金额与重要性水平比较。注册会计师应当将被审计单位拒绝调整的错报金额与推断的尚未发现的错报金额综合起来，判断是否对财务报表使用者的决策产生影响，并重点考虑错报金额的牵扯性。

(2)确定错报的可能性。有时，错报金额是难以计量的，例如，被审计单位拒绝披露当前的诉讼案件或在资产负债表日后购入的公司。在此情况下，注册会计师要判断该事项涉及的金额可能对财务报表使用者决策造成的影响。

(3)确定错报的性质。不同的错报性质对财务报表使用者的决策产生的影响不一样，对注册会计师出具审计报告的类型的影响也不一样。

如果因审计范围受到限制，无法获取充分、适当的审计证据，注册会计师应当将由此引起的错报与重要性水平进行比较，并考虑其牵扯性。

## 五、审计报告的基本要素

不管是什么类型的审计报告，都应当包括下列基本要素。

(一)标题

审计报告的标题应当统一规范为“审计报告”。

(二)收件人

审计报告的收件人是指注册会计师按照业务约定书的要求致送审计报告的对象，一般是指审计业务的委托人。注册会计师应当与委托人在业务约定书中约定致送审计报告的对象，以防止在此问题上发生分歧或审计报告被委托人滥用。审计报告应当载明收件人的全称。审计报告的致送对象通常为被审计单位的全体股东或董事会。

(三)引言段

审计报告的引言段包括以下内容。

(1)指出被审计单位的名称。

(2)说明财务报表已经过审计。

(3)指出构成整套财务报表的每张财务报表的名称。

(4)提及财务报表附注。

(5)指明构成整套财务报表的每张财务报表的日期和涵盖的期间。

### (四)管理层对财务报表的责任段

管理层对财务报表的责任段应当说明编制财务报表是管理层的责任。这种责任包括以下几个方面。

(1)按照适用的财务报告编制基础编制财务报表,并使其实现公允反映。

(2)设计、执行、维护必要的内部控制,以使财务报表不存在由于舞弊或错误导致的重大错报。

在审计报告中对管理层的责任的说明包括提及这两种责任,有利于向财务报表使用者解释注册会计师执行审计工作的前提。

### (五)注册会计师的责任段

注册会计师的责任段应当说明下列内容。

(1)注册会计师的责任是在实施审计工作的基础上对财务报表发表审计意见。

(2)注册会计师按照《审计准则》的规定执行了审计工作。《审计准则》要求注册会计师遵守注册会计师职业道德守则,计划和执行审计工作以对财务报表是否不存在重大错报获取合理保证。

(3)审计工作涉及实施审计程序,以获取有关财务报表金额和披露的审计证据。选择的审计程序取决于注册会计师的判断,包括对由于舞弊或错误导致的财务报表重大错报风险的评估。在进行风险评估时,注册会计师考虑与财务报表编制相关的内部控制,以设计恰当的审计程序,但目的并非对内部控制的有效性发表意见。审计工作还包括评价管理层选用会计政策的恰当性和做出会计估计的合理性,以及评价财务报表的总体列报。

(4)注册会计师相信已获取的审计证据是充分、适当的,为其发表审计意见提供了基础。

### (六)审计意见段

审计意见段应当说明财务报表是否在所有重大方面按照适用的财务报表编制基础(《企业会计准则》和相关会计制度)编制,是否公允反映了被审计单位的财务状况、经营成果和现金流量。注册会计师在完成审计工作,获取了充分、适当的审计证据后,应当就上述内容对财务报表发表审计意见。

### (七)注册会计师的签名和盖章

审计报告应当由两名具备相关业务资格的注册会计师签名盖章并经会计师事务所盖章方为有效。注册会计师在审计报告上签名并盖章,有利于明确法律责任。

(1)合伙会计师事务所出具的审计报告,应当由一名对审计项目负最终责任的合伙人和一名负责该项目的注册会计师签名盖章。

(2)有限责任会计师事务所出具的审计报告,应当由会计师事务所主任会计师或授权的副主任会计师和一名负责该项目的注册会计师签名盖章。

### (八)会计师事务所的名称、地址及盖章

审计报告应当载明会计师事务所的名称和地址,并加盖会计师事务所的公章。

### (九)报告日期

审计报告日期是指注册会计师完成审计工作的日期,而不是审计报告的撰定日期或提交日期。

# 任务二 编制审计报告

## 一、审计报告的编制程序

按照我国《审计准则》的规定，在财务报表审计中，审计报告一般应由审计项目经理负责编制。其具体步骤如下。

(1)审计项目经理汇总，复核工作底稿，提出审计报告的初步意见。审计项目经理对审计工作底稿的全面复核通常是在审计现场完成的，以便及时发现和解决问题，争取审计工作的主动。

(2)项目合伙人对工作底稿进行复核，严把审计质量关。在审计人员完成审计外勤工作后，需要项目合伙人对审计工作底稿进行再次复核。此次复核既是对审计项目经理复核的再监督，也是对重要审计事项的重点把关。

(3)会计师事务所实施独立复核，评价审计报告类型是否客观。为了保证审计质量，我国《审计准则》规定，除了上述两层项目组内部复核外，还要求在审计报告出具前，由会计师事务所进行独立的项目质量控制复核，以便对项目组做出的重大判断和在出具报告时形成的结论进行客观评价。

(4)撰写审计报告初稿。经过上述工作底稿的复核，审计项目经理可以撰写审计报告初稿。初稿形成后，项目组应充分讨论，反复推敲，认真研究，修改初稿。

(5)审定并出具审计报告。审计报告经过复核、修改定稿后，应由审计人员和会计师事务所签章，致送委托人或其他部门和人员。同时，会计师事务所应留档保存。

## 二、审计报告编制实训

### 师生教学做

【实训材料】

诚信会计师事务所项目组成员于 2015 年 2 月 26 日完成了对天贸公司 2014 年度财务报表的外勤审计工作，将所填写的工作底稿交给项目经理张守法。张守法复核无误后，与天贸公司管理层沟通，取得同意调整的书面文件，编制了审计差异调整表和试算平衡表。(具体内容参见项目十一中的“师生教学做”和“学生独立做”。)

【实训要求】

(1)假设天贸公司只同意调整上述①～⑨项业务，诚信会计师事务所应当出具何种审计报告？

在这种情况下，诚信会计师事务所应当出具无保留意见的审计报告。因为对审计人员提出的 9 个问题的调整意见，天贸公司都同意调整。调整后的财务报表是合法、公允的，符合出具标准无保留意见的审计报告的条件。其审计报告如下。

# 审计报告

天贸公司董事会：

我们审计了后附的天贸公司财务报表，包括2014年12月31日的资产负债表，2014年度的利润表，股东权益变动表、现金流量表及财务报表附注。

一、管理层对财务报表的责任

编制和公允列报财务报表是天贸公司管理层的责任，这种责任包括按照《企业会计准则》的规定编制财务报表，并使其实现公允反映；设计、执行和维护必要的内部控制，以使财务报表不存在由于舞弊或错误导致的重大错报。

二、注册会计师的责任

我们的责任是在执行审计工作的基础上对财务报表发表审计意见。我们按照《审计准则》的规定执行了审计工作。《审计准则》要求我们遵守中国注册会计师职业道德守则，计划和执行审计工作以对财务报表是否不存大重大错报获取合理保证。

审计工作涉及实施审计程序，以获取有关财务报表金额和披露的审计证据。选择的审计程序取决于注册会计师的判断，包括对由于舞弊或错误导致的财务报表重大错报风险的评估。在进行风险评估时，注册会计师考虑与财务报表编制和公允列报相关的内部控制，以设计恰当的审计程序，但目的并非对内部控制的有效性发表意见。审计工作还包括评价管理层选用会计政策的恰当性和做出会计估计的合理性，以及评价财务报表的总体列报。

我们相信，我们获取的审计证据是充分、适当的，为发表审计意见提供了基础。

三、审计意见

我们认为，天贸公司财务报表在所有重大方面按照《企业会计准则》的规定编制，公允反映了天贸公司2014年12月31日的财务状况及2014年度的经营成果和现金流量。

诚信会计师事务所　　中国注册会计师：李源龙

（盖章）　　（签名并盖章）

中国注册会计师：张守法

（签名并盖章）

中国武汉市　　二〇一五年三月六日

(2)假设天贸公司只同意调整上述②～⑦项及第⑨项内容，拒绝调整第①项和第⑧项内容，诚信会计师事务所应当出具何种审计报告？

在这种情况下，诚信会计师事务所应当出具保留意见的审计报告。因为对审计人员提出的9个问题的调整意见，天贸公司拒绝调整第①、第⑧两个事项，而这两个事项均属于金额较大的错报。

第①个事项影响利润－247 000元(即563 000元－316 000元)。

第⑧个事项影响利润－140 000元。

两事项合计影响利润－387 000元。

可见，两事项合计影响利润已经超过报表层次的重要性水平。因此，诚信会计师事务所应当出具保留意见的审计报告。其审计报告如下。

## 审 计 报 告

天贸公司董事会：

我们审计了后附的天贸公司财务报表，包括2014年12月31日的资产负债表，2014年度的利润表，股东权益变动表、现金流量表及财务报表附注。

一、管理层对财务报表的责任

编制和公允列报财务报表是天贸公司管理层的责任，这种责任包括按照《企业会计准则》的规定编制财务报表，并使其实现公允反映；设计、执行和维护必要的内部控制，以使财务报表不存在由于舞弊或错误导致的重大错报。

二、注册会计师的责任

我们的责任是在执行审计工作的基础上对财务报表发表审计意见。我们按照《审计准则》的规定执行了审计工作。《审计准则》要求我们遵守中国注册会计师职业道德守则，计划和执行审计工作以对财务报表是否不存大重大错报获取合理保证。

审计工作涉及实施审计程序，以获取有关财务报表金额和披露的审计证据。选择的审计程序取决于注册会计师的判断，包括对由于舞弊或错误导致的财务报表重大错报风险的评估。在进行风险评估时，注册会计师考虑与财务报表编制和公允列报相关的内部控制，以设计恰当的审计程序，但目的并非对内部控制的有效性发表意见。审计工作还包括评价管理层选用会计政策的恰当性和做出会计估计的合理性，以及评价财务报表的总体列报。

我们相信，我们获取的审计证据是充分、适当的，为发表审计意见提供了基础。

三、导致保留意见的事项

天贸公司2014年12月31日反映的销售普通车床、刻模铣床收入563 000元，增加应收账款658 710元，按照《企业会计准则》的规定，该笔应收款项属于提前确认收入；2014年度少提7个月的空调设备折旧费140 000元，该笔折旧费用应计入管理费用。但贵公司未接受我们的调整建议。此两个事项使得贵公司2014年12月31日的总资产虚增658 710元，该年度利润表的利润总额虚增387 000元。

四、保留意见

我们认为，除了“三、导致保留意见的事项”段所述事项产生的影响外，天贸公司财务报表在所有重大方面按照《企业会计准则》的规定编制，公允反映了天贸公司2014年12月31日的财务状况及2014年度的经营成果和现金流量。

诚信会计师事务所　　　　　　　　　　中国注册会计师：李源龙

（盖章）　　　　　　　　　　　　　　（签名并盖章）

中国注册会计师：张守法

（签名并盖章）

中国武汉市　　　　　　　　　　　　　二〇一五年三月六日

(3)假设第①个事项中，2014年12月31日销售的普通机床、刻模铣床货款为7 030 000元，增值税税率17%，应收账款8 225 100元，同时结转成本3 920 000元。其他事项不变。天贸公司拒绝调整第①、②个事项，同意调整其余事项。诚信会计师事务所应当出具何种审计报告？

在这种情况下，诚信会计师事务所应当出具否定意见的审计报告。因为天贸公司拒绝调整第①、②个事项，均属于金额重大或性质严重的错误。

第①个事项影响利润－3 110 000元(即7 030 000元－3 920 000元)。

第②个事项影响利润－96 239.32元(即216 239.32元－120 000元)。

两事项合计影响利润－3 206 239.32元。

天贸公司利润表利润总额为2 382 452.48元，而实际利润总额应为－823 786.84元(即2 382 452.48元－3 206 239.32元)。天贸公司拒绝调整，严重误导了财务报表的使用者。因此，诚信会计师事务所应当出具否定意见的审计报告。其审计报告如下。

## 审计报告

天贸公司董事会：

我们审计了后附的天贸公司财务报表，包括2014年12月31日的资产负债表，2014年度的利润表，股东权益变动表、现金流量表及财务报表附注。

一、管理层对财务报表的责任

编制和公允列报财务报表是天贸公司管理层的责任，这种责任包括按照《企业会计准则》的规定编制财务报表，并使其实现公允反映；设计、执行和维护必要的内部控制，以使财务报表不存在由于舞弊或错误导致的重大错报。

二、注册会计师的责任

我们的责任是在执行审计工作的基础上对财务报表发表审计意见。我们按照《审计准则》的规定执行了审计工作。《审计准则》要求我们遵守中国注册会计师职业道德守则，计划和执行审计工作以对财务报表是否不存大重大错报获取合理保证。

审计工作涉及实施审计程序，以获取有关财务报表金额和披露的审计证据。选择的审计程序取决于注册会计师的判断，包括对由于舞弊或错误导致的财务报表重大错报风险的评估。在进行风险评估时，注册会计师考虑与财务报表编制和公允列报相关的内部控制，以设计恰当的审计程序，但目的并非对内部控制的有效性发表意见。审计工作还包括评价管理层选用会计政策的恰当性和做出会计估计的合理性，以及评价财务报表的总体列报。

我们相信，我们获取的审计证据是充分、适当的，为发表审计意见提供了基础。

三、导致否定意见的事项

经审计，我们发现贵公司2014年12月31日反映的销售普通车床、刻模铣床货款7 030 000元，属于提前确认销售收入；2014年10月虚构销售收入216 239.32元，不符合《企业会计准则》的规定，我们提出了调整意见，贵公司拒绝调整，导致贵公司2014年利润总额由亏损总额823 786.84元反映为利润总额2 382 452.48元。

四、保留意见

我们认为，由于“三、导致否定意见的事项”段所述事项的重大影响，天贸公司财务报表没有在所有重大方面按照《企业会计准则》的规定编制，未能公允反映天贸公司2014年12月31日的财务状况及2014年度的经营成果和现金流量。

诚信会计师事务所　　　　　　　　　　中国注册会计师：李源龙

(盖章)　　　　　　　　　　　　　　　(签名并盖章)

中国注册会计师：张守法

(签名并盖章)

中国武汉市　　　　　　　　　　　　　二〇一五年三月六日

(4)假设天贸公司由于销售部工作失误,丢失了第①与第②项的客户地址和联系方式,导致审计范围受到局部限制,无法实施函证程序,其余事项均同意按审计意见调整。该部分资产占总资产的比重是4.9%[即(658 710+253 000)÷18 719 756.18]。由于无法审定错报与否,诚信会计师事务所出具保留意见的审计报告如下。

## 审计报告

天贸公司董事会:

我们审计了后附的天贸公司财务报表,包括2014年12月31日的资产负债表,2014年度的利润表,股东权益变动表、现金流量表及财务报表附注。

一、管理层对财务报表的责任

编制和公允列报财务报表是天贸公司管理层的责任,这种责任包括按照《企业会计准则》的规定编制财务报表,并使其实现公允反映;设计、执行和维护必要的内部控制,以使财务报表不存在由于舞弊或错误导致的重大错报。

二、注册会计师的责任

我们的责任是在执行审计工作的基础上对财务报表发表审计意见。我们按照《审计准则》的规定执行了审计工作。《审计准则》要求我们遵守中国注册会计师职业道德守则,计划和执行审计工作以对财务报表是否不存大重大错报获取合理保证。

审计工作涉及实施审计程序,以获取有关财务报表金额和披露的审计证据。选择的审计程序取决于注册会计师的判断,包括对由于舞弊或错误导致的财务报表重大错报风险的评估。在进行风险评估时,注册会计师考虑与财务报表编制和公允列报相关的内部控制,以设计恰当的审计程序,但目的并非对内部控制的有效性发表意见。审计工作还包括评价管理层选用会计政策的恰当性和做出会计估计的合理性,以及评价财务报表的总体列报。

我们相信,我们获取的审计证据是充分、适当的,为发表审计意见提供了基础。

三、导致保留意见的事项

天贸公司2014年12月31日的应收账款911 710(即658 710+253 000)元审计范围受到限制。由于天贸公司未能提供债务人地址,我们无法实施函证程序及其他替代程序,以获取充分适当的审计证据。

四、保留意见

我们认为,除了"三、导致保留意见的事项"段所述事项产生的影响外,天贸公司财务报表在所有重大方面按照《企业会计准则》的规定编制,公允反映了天贸公司2014年12月31日的财务状况及2014年度的经营成果和现金流量。

诚信会计师事务所
(盖章)

中国注册会计师:李源龙
(签名并盖章)
中国注册会计师:张守法
(签名并盖章)

中国武汉市

二〇一五年三月六日

(5)假设天贸公司不存在上述12个事项,在项目组进驻天贸公司以后仓库失火,未能对价值340多万元存货实施监盘程序;天贸公司于2014年9月采用新的应收账款电算化系统,由于存在系统缺陷，应收账款出现大量错误。截至审计报告日，管理层仍在纠正系统缺陷并更正错误，会计师事务所也无法实施替代审计程序以对截至2014年12月31日的应收账款总额180多万元获取充分、适当的审计证据。两项资产价值520多万元，占资产总额比重的30%。由于应收账款和存货限制的影响非常重大和广泛。因此，诚信会计师事务所出具无法表示意见的审计报告如下。

## 审计报告

天贸公司董事会：

我们审计了后附的天贸公司财务报表，包括2014年12月31日的资产负债表，2014年度的利润表，股东权益变动表、现金流量表及财务报表附注。

一、管理层对财务报表的责任

编制和公允列报财务报表是天贸公司管理层的责任，这种责任包括按照《企业会计准则》的规定编制财务报表，并使其实现公允反映；设计、执行和维护必要的内部控制，以使财务报表不存在由于舞弊或错误导致的重大错报。

二、导致无法表示意见的事项

我们于2015年2月接受天贸公司的审计委托，在审计期间，由于仓库失火，未能对天贸公司2014年12月31日的存货金额为340多万元的存货实施监盘程序。此外，我们也无法实施替代程序获取充分、适当的审计证据，并且天贸公司于2014年9月采用新的应收账款电算化系统，由于存在系统缺陷导致应收账款出现大量错误。截止审计报告日，管理层仍在纠正系统缺陷并更正错误，会计师事务所也无法实施替代审计程序以对截止2014年12月31日的应收账款总额180多万元获取充分、适当的审计证据。因此，我们无法确定是否有必要对存货、应收账款及财务报表其他项目做出调整，也无法确定应调整的金额。

三、保留意见

由于"二、导致无法表示意见的事项"段所述事项的重要性，我们无法获取充分、适当的审计证据以为发表审计意见提供基础，因此，我们不对天贸公司财务报表发表审计意见。

诚信会计师事务所　　　　中国注册会计师：李源龙

（盖章）　　　　（签名并盖章）

中国注册会计师：张守法

（签名并盖章）

中国武汉市　　　　二〇一五年三月六日

## 学生独立做

【实训材料】

诚信会计师事务所2014年12月30日接受了兴隆公司的审计委托，该公司注册资本为3 000万元，审计前财务报表的资产总额为6 000万元。诚信会计师事务所委派该所注册会计师王兴华和张俊共同承担兴隆公司的审计业务。他们在计划阶段确定的重要性水平为100万元。注册会计师于2015年2月16日完成了对兴隆公司2014年度财务报表的审查。在复查工作底稿时，发现以下需要考虑的事项。

(1)兴隆公司一幢建于1990年、原值为600万元、预计使用年限为60年、已提折旧240万元的办公大楼因为未经核实的原因出现裂缝,经过专家鉴定后将预计使用年限改为40年,决定从2014年起改变折旧率,但该公司不同意在2014年年末报表中做相应披露。

(2)兴隆公司全部存货占资产总额的50%以上,放置于邻近单位仓库内。由于该仓库倒塌尚未清理完毕,不仅无法估计损失,也无法实施监盘程序。

【实训要求】

(1)当仅有第(1)个事项时,请代注册会计师王兴华和张俊撰写审计报告。

## 审计报告

诚信会计师事务所　　　　　　　　　　　　　　中国注册会计师:

（盖章）　　　　　　　　　　　　　　　　　　（签名并盖章）

中国注册会计师:

（签名并盖章）

中国武汉市　　　　　　　　　　　　　　　　二〇一五年三月六日

(2)当仅有第(2)个事项时,请代注册会计师王兴华和张俊撰写审计报告。

## 审计报告

诚信会计师事务所
（盖章）

中国注册会计师：
（签名并盖章）
中国注册会计师：
（签名并盖章）

中国武汉市

二〇一五年三月六日

(3)当仅有第(1)个事项且兴隆公司同意在2014年年末报表中做相应披露时，请代注册会计师王兴华和张俊撰写审计报告。

## 审计报告

诚信会计师事务所
（盖章）

中国注册会计师：
（签名并盖章）
中国注册会计师：
（签名并盖章）

中国武汉市

二〇一五年三月六日